Anna Schneider

Freiheit beginnt beim Ich

© Nicole Heiling

Anna Schneider, geboren 1990, ist Juristin und Journalistin. Nach Stationen bei ›Addendum‹ und der ›NZZ‹ arbeitet sie seit 2021 als Chefreporterin für die ›WELT‹. In TV und Print streitet sie regelmäßig für die liberale Perspektive. Ihre ›WELT‹-Kolumne ›Anna Schneider ist so frei‹ erscheint wöchentlich.

Das »Ich« ist politisch nicht im Trend. Wer sich zur individuellen Freiheit als Ideal bekennt, steht schnell im Verdacht des rücksichtslosen Egoismus. Zu Unrecht, meint Anna Schneider. In ihrer Streitschrift schwärmt und wirbt sie für die liberale Idee, für das selbstbestimmte, freie Individuum, für die unabhängige »Einzelne«. Und sie führt aus, wie die liberalen Werte, auf denen unsere demokratische Ordnung beruht, vom identitätspolitisierten »Snowflake«, von Verbotsfolklore und Paternalismus bedroht werden. Gegen alle Versuche, Freiheit zu beschneiden, zu relativieren und neu zu definieren, sagt sie: »Freiheit ist Freiheit« und lädt ein zur Feier des Individuums.

Anna Schneider

Freiheit beginnt beim Ich

Liebeserklärung an den Liberalismus

dtv

MIX
Papier | Fördert gute Waldnutzung
FSC® C083411
www.fsc.org

Originalausgabe 2022

Umschlaggestaltung: unfun.de
Satz: Uhl + Massopust, Aalen
Druck und Bindung: CPI books GmbH, Leck
Printed in Germany · ISBN 978-3-423-29046-3

Für mein zweites Ich,
auf dass sie die Freiheit versteht,
die ich meine.

Inhalt

Freiheitsgrade, oder:

Was ich meine, wenn ich Freiheit sage

Freiheit ist Freiheit. So einfach ist das. Einem freien Menschen kann es egal sein, was andere von ihm denken; mir ist es egal. Aber es amüsiert mich immer wieder aufs Neue, wie einfach es ist, Groll auf sich zu ziehen, wenn man nur ein bisschen aus der geistigen Mehrheitsreihe tanzt. Dazu genügt es schon, sich als Liberaler (oder, Gott behüte, als Libertärer) zu outen. Einfach mal laut »Freiheit ist Freiheit« sagen und ich garantiere, die Widerrede folgt auf dem Fuß: So gehe das doch nicht. Freiheit könne man nicht für sich selbst denken. Freiheit sei notwendig beschränkt. Freiheit funktioniere nur im Kollektiv. Nonsensaussagen überall. Und je öfter auch sogenannte Liberale mit dem Satz »Die Freiheit des Einzelnen endet dort, wo die Freiheit des anderen beginnt« um sich werfen, umso mehr denke ich mir: Die Freiheit des anderen endet dort, wo die Freiheit des Einzelnen beginnt. Der Unterschied zwischen diesen beiden Definitionen liegt in der Perspektive. Entweder man geht immer und ganz grundsätzlich von der Freiheit des Individuums aus. Oder aber man betrachtet diese individuelle Freiheit als Bedrohung der Freiheit anderer. Ich bevorzuge Ersteres, weil Letzteres viel zu leicht als Freibrief für jede Art der Einschränkung herangezogen werden kann – und oft auch wird. Wer Freiheit in erster Linie als Gefahr definiert, negiert sie. Und an genau diesem Punkt steht die deutsche Debatte: Freiheit, so scheint es, muss zumindest mit einem Beipackzettel, wenn nicht gar mit einem Warnhinweis versehen sein, damit die Hasenherzen beruhigt sind. Willkommen in der Angstgesellschaft.

Ich sage es gleich vorweg: Freiheit ist tatsächlich nichts für Feiglinge. Sie ist eine Zumutung, mit der man sich selbst und den anderen fordert. Denn sie anzunehmen setzt gegenseitiges Vertrauen voraus: Vertrauen, dass der jeweils andere fähig ist, sich seines Kopfes und somit seiner (Gedanken-)Freiheit so zu bedienen, dass daraus etwas Positives entsteht. Dieses Vertrauen ist es, was den mündigen Bürger unter seinesgleichen überhaupt erst heranwachsen lässt. Wenn der Mensch nie lernt, von seiner Gedankenfreiheit Gebrauch zu machen, ist er nicht wirklich frei, für sich selbst zu wählen. Zunächst muss man sich also aus eigenen Stücken für die Unabhängigkeit entscheiden. Sei du selbst, sonst macht es keiner. Ich jedenfalls brenne für die Freiheit.

Denn Freiheit ist fantastisch. Sie bedeutet, von niemand anderem abhängig zu sein oder bevormundet zu werden, niemandes Willkür zu unterliegen und Entscheidungen für sich selbst, nach den eigenen Vorlieben und Vorstellungen, treffen zu können. Freiheit ist Mündigkeit, Eigenverantwortung und Selbstbestimmung. Und Offenheit. Wer im Sinne der Freiheit lebt, trägt natürlich auch das Risiko, das mit seinem Handeln verbunden ist, nämlich das Risiko des möglichen Scheiterns – das ist, wenn man so will, die negative Seite der Medaille. Nimmt man allerdings die Verantwortung und Herausforderung, die Freiheit impliziert, an, merkt man schnell: Ohne Freiheit ist alles nichts, denn nur ein freier Geist kann ganz bei sich selbst sein. Und nur wer bei sich selbst ist, legt seine innersten Möglichkeiten frei. Eine offene Gesellschaft lebt von der Originalität, der Geisteskraft und der Spontanität des Individuums, nicht von der Trägheit, Stupidität und Mittelmäßigkeit der Masse, die den Einzelnen durch Vorschriften einschränkt und in seiner Entfaltung hemmt.

Es versteht sich von selbst, dass nicht in jedem Individuum ein Genie steckt, auf das die Welt gewartet hat. Ich bin mir zum Beispiel nicht ganz sicher, wie viele Paolo Coelhos die Welt noch verkraften kann. Doch schon die – eher nicht so große – Herausforderung, bessere Bücher zu schreiben als Coelho, spornt an; sie entfacht den kreativen Wettbewerb. Ich möchte nicht verschweigen, dass Menschen in Freiheit zu viel schlimmeren Dingen imstande sind als dazu, schlechte Bücher zu schreiben. Indem Freiheit dem Einzelnen ermöglicht, »nein« zu sagen, eröffnet sie ihm natürlich auch die Möglichkeit, Böses zu tun. Das Böse ist somit eine Funktion und mögliche Folge der Freiheit: Freiheit kann *auch* das Böse hervorbringen. Aber: Unfreiheit bringt *nur* das Böse hervor. Denn Freiheit setzt frei, ohne den Einzelnen von der Verantwortung für seine Taten zu entbinden. Wer durch sein Handeln die Trennlinie zwischen seiner Freiheit und der Freiheit des anderen überschreitet, hat – in einem Rechtsstaat – mit Konsequenzen zu rechnen. So erlaubt Freiheit Selbstmord, aber nicht Mord. Freiheit und das absolut Böse sind logisch inkompatibel.

An dieser Stelle lohnt ein kurzer Ausflug in die liberale beziehungsweise libertäre Ideengeschichte. Der Soziologe und Philosoph Friedrich August von Hayek bringt das Wesen der Freiheit folgendermaßen auf den Punkt: Freiheit ist die Abwesenheit von Zwang durch andere Menschen. Eine so knappe wie richtige Definition: Freiheit ist das Recht, in Ruhe gelassen zu werden. Noch präziser fasste es der Ökonom und Philosoph Murray Rothbard, der das System reiner Freiheit und also der liberalen Gesellschaft als eine Gesellschaft beschreibt, »in der (...) keines Menschen Eigentum an seiner Person oder materiellen Dingen belästigt oder verletzt wird und in der niemand in dieses Eigentum eingreift«.[1] Er benennt damit die Essenz der Freiheit: Niemand gehört jemand anderem, jeder gehört einzig und allein sich selbst. Freiheit ist Selbsteigentum.

Was wir hier vor uns haben, ist der radikale Kern eines negativen Freiheitsbegriffs: die Abwesenheit von Zwang und Einschränkungen. Die Unterscheidung von negativer und positiver Freiheitskonzeption geht auf den Philosophen Isaiah Berlin zurück, der in diesem Zusammenhang zwischen der Freiheit »von etwas« von der Freiheit »zu etwas« unterscheidet. Erstere, also die negative Freiheit, hat den Vorteil, dass sie – wie eben ausgeführt – klar und deutlich ist. Die positive Freiheitskonzeption hingegen zielt auf die faktischen Möglichkeiten ab, derer es bedarf, um die eigenen Lebensentwürfe auch realisieren zu können. Es geht um das, was man in diesem seinen freien Bereich tun möchte – um Selbstentfaltung also. Diese sogenannte positive Freiheit geht von einem anderen Menschenbild aus: Der Einzelne gilt ihr nicht als sein eigener Herr, der nur durch natürliche Grenzen beschränkt wird (niemand kann etwa drei Meter hoch springen), sondern als Teil eines größeren Ganzen. In der Folge wird der Staat nicht als »Nachtwächterstaat« entworfen, vielmehr wird sein Tätigwerden zur Sicherung von Freiheitsrechten erwartet – und verlangt. Das macht die positive Freiheitskonzeption zu einem Fass ohne Boden, weil sie im Grunde grenzenlos ausgeweitet werden kann. So wird Freiheit als Begriff beliebig, eine Worthülse, in die man alles packen kann, was politisch erwünscht ist. Doch Freiheit ist kein Mittel zum Zweck, sie ist immer Selbstzweck.

So steht es in *dem* Manifest der liberalen Freiheitsidee, John Stuart Mills »Über die Freiheit«. Freiheit als Prinzip verlange Geschmacks- und Strebensfreiheit, liest man da; Freiheit, seinen Lebensplan dem eigenen Charakter entsprechend zu entwerfen, zu tun, was man wolle, vorbehaltlich der folgenden Konsequenzen und ohne sich von anderen Zeitgenossen stören zu lassen – solange ihnen nicht geschadet werde –, auch dann, wenn sie dieses Verhalten für »verrückt, verderbt oder falsch« halten sollten.[2] »Die einzige Freiheit, die diesen Namen verdient, besteht darin, unser eigenes Wohl auf unsere eigene Weise zu verfolgen, solange wir dabei nicht die Absicht hegen, anderen das ihre zu nehmen oder ihre Bemühungen, es zu erlangen, behindern.«[3] Diese Feststellung lässt sich leicht missverstehen, doch sie meint eben nicht dasselbe wie die oft bemühte Floskel »die Freiheit des Einzelnen endet da, wo die Freiheit des anderen beginnt«. Natürlich kann es passieren, dass die Freiheitsentfaltung des Einzelnen die Freiheit eines anderen begrenzt. Entscheidend ist, dass das aber nicht das Ziel des Einzelnen ist, sondern ein womöglich unschöner Nebeneffekt. Wenn jemand etwa auf eine begrenzte Ressource zugreift, die auch ein anderer nutzen will, mag das dessen Freiheit begrenzen – aber das ist nicht das Ziel. Mill sagt, der freie Mensch hat die Begrenzung der Freiheit des anderen nicht zum Ziel. Aber er sagt nicht, dass der freie Mensch auf eigene Ziele verzichten muss, weil er damit vielleicht andere einschränkt.

Niemand könne gezwungen werden, schreibt Mill weiter, »etwas zu tun oder zu unterlassen, nur weil es so für ihn besser wäre, ihn glücklicher machen würde oder weil es nach der Meinung anderer klug oder sogar richtig wäre (...).[4] Über sich selbst, über seinen eigenen Körper und Geist ist der Einzelne souverän.«[5] Mill ging es also einerseits darum, den Fürsorgestaat in möglichst enge Schranken zu weisen. Die Tugenden, die nur das Individuum in sich trägt, würden ansonsten von einem überbordenden Nanny-Staat erstickt. Doch andererseits – und das ist nicht weniger wichtig – schrieb Mill von der »Tyrannei der Mehrheit«: Mitte des 19. Jahrhunderts kam es in Großbritannien in mehreren Schritten zur Ausweitung des Wahlrechts, wodurch die Möglichkeit, sich demokratisch zu betätigen, für den Einzelnen wuchs. Genau diese frisch eroberte Macht des Volkes machte Mill skeptisch. »Das Volk, das die Macht ausübt, ist nicht immer dasselbe Volk wie das, über welches sie ausgeübt wird, und die ›Selbstregierung‹, von der die Rede ist, ist nicht die Regierung des Einzelnen über sich selbst, sondern jedes Einzelnen durch alle Anderen«[6], schreibt Mill. Zudem bedeute der Wille des Volkes praktisch den Willen von des Volkes zahlreichstem oder aktivstem Teil, nämlich der Mehrheit.[7] Also brauche es für das freie Individuum nicht nur »Schutz gegen die Tyrannei der Behörde«, es brauche auch »Schutz gegen die Tyrannei der vorherrschenden Meinung und des vorherrschenden Empfindens; gegen die Tendenz der Gesellschaft, mit anderen Mitteln als zivilrechtlichen Sanktionen ihre eigenen Ideen und Praktiken als Verhaltensregeln denen aufzuzwingen, die eine abweichende Meinung haben«.[8]

Erschienen im Jahr 1859, hat Mills Hauptwerk nichts an Aktualität eingebüßt. Schon hört man die Angstliberalen der Jetztzeit bei seinen Freiheitsdefinitionen krakeelen – doch auch das hat Mill vorhergesagt. »Selbstbestimmung gehört nicht zum Ideal der Sittlichkeitsapostel und Gesellschaftsreformer, sondern wird eher mit Neid von ihnen betrachtet als ein störendes und vielleicht sogar rebellisches Hindernis gegen die allgemeine Annahme dessen, was diese Reformer nach eigenem Urteil als das Beste für die Menschheit ansehen.«[9] Wenn Freiheit nach all diesen Ausführungen also immer die Freiheit *von* etwas ist, stellt sich natürlich die Frage, inwiefern Zwang überhaupt jemals gerechtfertigt werden kann. Kann er, würde Mill antworten. So gebiete es die Gerechtigkeit, allen Individuen ein Mindestmaß an Freiheit einzuräumen. Alle Individuen müssen, zur Not eben mit Gewalt, daran gehindert werden, irgendjemand anderem seine Freiheit zu nehmen.

Ich habe so meine Probleme mit dem Begriff Gerechtigkeit, weil er zu oft als Instrument der Gleichmacherei verwendet wird. Außerdem halte ich es mit dem Rechtswissenschaftler Hans Kelsen und möchte aus einem meiner liebsten Bücher, »Was ist Gerechtigkeit?«, zitieren: »Es ist klar, dass es eine gerechte, das heißt das Glück aller gewährleistende Ordnung nicht geben kann, wenn man mit Glück, dem ursprünglichen Sinne des Wortes gemäß, das subjektive Gefühl, das ist dasjenige meint, was ein jeder darunter für sich selbst versteht. Denn dann ist es unvermeidlich, dass das Glück des einen mit dem Glück des anderen in Konflikt gerät«[10], schreibt Kelsen. Auch die Formel des englischen Philosophen Jeremy Bentham, der das größte Glück der größten Zahl zu seinem Leitprinzip erhebt, ist für Kelsen nicht anwendbar, »wenn unter Glück ein subjektiver Wert verstanden wird«.[11] Zum Glück lässt sich die Notwendigkeit, den Handlungsspielraum des Einzelnen einzuschränken, auch begründen, ohne sich auf Gerechtigkeit zu beziehen: Nicht die Gesellschaft oder die Gerechtigkeit – oder welche scheinbar moralisch erhabene Instanz auch immer – verbietet dem Individuum zu töten, zu stehlen oder zu brandschatzen; das jeweilige Verbot ergibt sich direkt aus dem individuellen Recht des anderen Menschen auf sein Leben oder auf sein Eigentum. Wir haben es also nicht mit einer Beschränkung der Freiheit des einen zugunsten der Freiheit des anderen zu tun, sondern mit einer klaren Abgrenzung der jeweilig ebenbürtigen Rechte. Insofern ist das Diktum, Freiheit sei niemals absolut, ein Irrtum.

Damit zunächst genug der Ideengeschichte. Liberalismus als politische Weltanschauung, die die Freiheit des einzelnen Menschen in den Vordergrund stellt, erschöpft sich nicht darin, den Blick in die Vergangenheit zu richten und durchzubuchstabieren, was Freiheit einmal war. »Der Liberalismus ist keine abgeschlossene Lehre, er ist kein starres Dogma«[12], schreibt der Wirtschaftswissenschaftler Ludwig von Mises. Insofern ist es würdig und recht, im Nachdenken über die Freiheit die Offenheit walten zu lassen, die dem Liberalismus selbst als wesentliches Merkmal entspricht. Und dennoch werde ich regelmäßig hellhörig, wenn insbesondere Intellektuelle erklären, Freiheit müsse angesichts einer pandemischen Lage, des Klimawandels oder der Anforderungen einer sozial gerechten Welt neu gedacht werden. Denn was daraus meistens folgt, ist nicht das Neudenken der Freiheit, sondern das Arbeiten an ihrer Abschaffung. Wer dagegenhält und darauf pocht, dass die Grundzüge des individualistischen Freiheitsbegriffes eben nicht geändert werden müssen, weil sie an sich sehr super sind, sieht sich Vorwürfen eines »Vulgär-« oder »Hyperliberalismus« ausgesetzt.

Es ist mir herzlich egal, ob jemand meinen Freiheitsbegriff als Vulgärliberalismus bezeichnet, lieber vulgär- als gar nicht liberal, denke ich mir dann. Und eigentlich kann Liberalismus ohnehin nur für diejenigen vulgär sein, die ein sehr tristes Leben fristen, oder aber für die, die sich von ihm beleidigt fühlen. Also für Kollektivisten, Staatsgläubige und die, die den Sinn ihres Lebens darin sehen, andere zu bevormunden. Seit der Begriff Vulgärliberalismus allerdings bis zum Bundespräsidenten durchgedrungen ist, komme ich nicht umhin, mich zu fragen: War es das jetzt mit dem Individualismus? Hat die deutsche Kollektivistenseele gesiegt?

In einer Rede zur Erinnerung an den ehemaligen FDP-

Chef Guido Westerwelle, der am 27. Dezember 2021 seinen 60. Geburtstag gefeiert hätte, bezog sich Frank-Walter Steinmeier zunächst auf das Zitat »Freiheit stirbt immer zentimeterweise«, das Westerwelle selbst in Anlehnung an den Liberalen Karl-Hermann Flach verwendet hatte. »Das ist eine ernste und ernstzunehmende Mahnung«[13], sagte Steinmeier. »Aber die daraus plakativ gefolgerte Gegenüberstellung: hier der freiheitsbedrohende Staat auf der einen Seite, dort die der Freiheit schleichend beraubten Bürger auf der anderen, diese Gegenüberstellung ist aus meiner Sicht zumindest schief.«[14] Das ist zwar alles andere als schief, aber Steinmeier ist ein Sozialdemokrat, und irgendjemand muss den Staat ja schließlich mögen und daher verteidigen. Mir geht es vor allem darum, was in seiner Rede noch folgte: »Die vielleicht wirkmächtigste und leider meist unhinterfragte ethische Haltung der Gegenwart drückt sich in Sätzen aus wie diesem: ›Das muss ja jeder selber wissen.‹ Oder: ›Das muss halt jeder für sich selbst entscheiden.‹ Eine Rechtfertigungspflicht vor anderen für das eigene Handeln scheint in dieser Haltung überflüssig, ja geradezu ausgeschlossen zu sein. Dieser, ich nenne es bewusst einmal so: Vulgärliberalismus ist sicher nicht im Sinne wahrhaft liberaler Vorbilder wie etwa Friedrich Naumann, Karl-Hermann Flach oder Theodor Heuss. Und er wäre sicher auch nicht im Sinne des liberalen Staatsbürgers Guido Westerwelle.«[15]

Die Tatsache, dass jeder für sich selbst entscheidet – nämlich natürlich ganz ohne Rechtfertigungspflicht –, sprengt für Steinmeier offenbar den sorgfältig abgesteckten Denkrahmen. Und was man sich für sich selbst nicht einmal im Traum vorstellen kann, muss dann wohl eben vulgär sein. So weit, so dürftig. Ich bin mir nur nicht sicher, ob dieser Illiberalismus wirklich im Sinne Westerwelles wäre. Nun hat Steinmeier dieses eigenartige Framing von Freiheit nicht erfunden; es war, als er seine Rede hielt, bereits an so manch anderer Stelle gepredigt worden. Mit der Coronapandemie setzte es sich in den Feuilletons durch. Oder besser gesagt: mit dem Widerspruch, den die in der Pandemie verhängten Freiheitsbeschränkungen nicht nur bei sogenannten Querdenkern, sondern auch bei grundrechtssensiblen Bürgern auslöste. (Es mag manche verwundern, aber ja, diese zweitgenannte Spezies ist in Deutschland noch nicht völlig ausgestorben.)

In allen großen Zeitungen wurde dieser Widerspruch gegen Coronamaßnahmen zum Anlass genommen, um Liberalismus beziehungsweise Individualismus grundsätzlich zu diskutieren. So konnte man etwa unter dem Titel »Das Endspiel des Liberalismus« in der »Süddeutschen Zeitung« lesen: »›Freiheit‹ ist hier auf die Schrumpfform des ›Ich will‹ oder ›Ich will nicht‹ reduziert, es ist der abgemagerte Schatten von ›Selbstverwirklichung‹.« Kindischer Trotz als »Freiheit« – so tief seien Teile selbst des politischen Liberalismus in Deutschland gesunken.[16] In der »taz« dachte einstweilen Chefreporter Peter Unfried laut über Pflichtbewusstsein nach: »Angesichts kulminierender Katastrophen müssen wir unsere bisherige Auffassung von Freiheit zugunsten des Prinzips der Verantwortung überdenken«[17], schrieb er. Und in »Die Zeit« machten sich die Philosophen Thomas Beschorner und Sabine Döring mit einem Zitat von John Locke dafür stark, dass »Freiheit kein Freibrief« sein dürfe: »Freiheit hingegen als Lizenz zur Verantwortungslosigkeit: Dieses Missverständnis bringt die Verwendung von ›Eigenverantwortung‹ während der Pandemie auf den Punkt. Es wird nicht mit der Pandemie enden: Der von Egoisten und Ideologen geführte Kampf gegen wahre Eigenverantwortung unter der Flagge eines von der Verantwortung entkernten unsinnigen Scheinbegriffs der Eigenverantwortung kann sich auch weiterhin durch alle Debatten ziehen – vom Klimawandel über die Migration, Fleischkonsum und Tierschutz bis hin zum Wohlfahrtsstaat als solchem«[18], schreiben sie. Allein die Formulierung »wahre Eigenverantwortung« hat etwas Beunruhigendes. Wer entscheidet, was als wahr zu gelten hat? Die, die im Zweifel das Allgemeinwohl über das Wohl des Einzelnen stellen? Bitte nicht.

Generell sind die Leute, die Begriffe wie Eigenverantwortung als Schimpfwörter verwenden, oft selbst nicht in der Lage, satisfaktionsfähige Definitionen – sei es von Verantwortung, sei es von Freiheit – zu liefern. So vermag es auch kaum zu verwundern, dass zur »Floskel des Jahres« am Ende des zweiten Coronajahres das Wort »Eigenverantwortung« gekürt wurde. Die intellektuell eher dürftige Begründung lautete wie folgt: »Ein legitimer Begriff von hoher gesellschaftlicher Bedeutung wird ausgehöhlt und endet als Schlagwort von politisch Verantwortlichen, die der Pandemie inkonsequent entgegenwirken. Fehlgedeutet als Synonym für soziale Verantwortung und gekapert von Impfgegnerinnen und Impfgegnern als Rechtfertigung für Egoismus.«[19] Es lohnt sich zu betrachten, welches Verständnis des Begriffs »Eigenverantwortung« hier versucht wird durchzusetzen. Eigenverantwortung ist legitim, lernt man bei den Floskelentscheidern, aber nur dann, wenn sie auch im Sinne der geltenden Coronaregeln gelebt wird. Dass Protest nicht nur von Impfgegnern, sondern von sehr vielen Menschen kommt, die nach zwei Jahren angstgetriebener Pandemiepolitik gerne wieder eigenverantwortlich handeln würden, wird dezent ausgespart.

All die erwähnten Möchtegern-Erziehungsberechtigten der Nation eint ihr auf Bevormundung ausgelegtes Menschenbild. Erwachsene als infantil und unfähig zur Übernahme weitgehender Eigenverantwortung darzustellen, das ist die Essenz des Ganzen. Ob sie wirklich nicht merken, dass sie damit die Entwicklung verantwortlicher Verhaltensweisen verunmöglichen, weiß ich nicht. Was jedenfalls unterm Strich bleibt, ist die Absurdität, dass derjenige, der aus der (gedanklichen) Reihe tanzt, ein Wirrkopf sein muss, oder wenigstens ein Egoist. Dabei ist es doch eher so: Die offene Gesellschaft basiert auf Toleranz. Und wer sich selbst ernst nimmt, äußert seine Meinung auch dann, wenn sie anderen nicht in den Kram passt. Ein Blick ins Strafgesetzbuch verrät außerdem, dass Egoismus nicht verboten ist.

Manchmal denke ich, dass den Deutschen der Kollektivismus im Blut liegt, und was ihn am Leben hält, konnte während der Pandemie gar nicht deutlicher werden. Ich sehe wenig Hoffnung auf Änderung, wenn die, die den Diskurs (mit)prägen, dem Individualismus nur die schlechtesten Zeugnisse ausstellen. Es scheint, als habe sich die liberale Intelligenzija Deutschlands inzwischen größtenteils selbst abgeschafft, sei es aus Angst, sei es aus mangelndem

Vertrauen darauf, dass am Ende doch immer jeder selbst am besten weiß, was gut für ihn ist. Wie schlecht es um die Wertschätzung individualistischen Denkens steht, konnte man insbesondere an *dem* politischen Zankapfel der Coronapolitik beobachten: der Impfpflicht.

Wenig hat die Gemüter über Monate hinweg mehr erhitzt als diese Diskussion. Aus den bereits genannten Gründen – Selbsteigentum – bin ich zwar ein absoluter Impfbefürworter, aber ein ebenso absoluter Impfpflichtgegner. Ich erlaubte mir auch, diese meine Meinung öffentlich in den sozialen Medien kundzutun. Ein »Tagesthemen«-Redakteur hatte sich in einem Kommentar für eine Impfpflicht ausgesprochen, ich entgegnete: »Grundrechte zeichnen sich eben genau dadurch aus, dass sie Schranken für Mehrheitsentscheidungen sind. Die Debatte wird gleichermaßen widerlicher wie problematischer.«[20] Sofort hatte ich die Kommentare zweier Herren in meiner Timeline, Mansplaining von links, würde ich sagen, fände ich diesen Begriff nicht äußerst lächerlich. Zunächst belehrte mich der Strafrechtler Michael Kubiciel unter anderem mit folgendem Satz: »Freiheit gibt es eben nur im Plural, Grundrechte daher auch.«[21] Ich staunte nicht schlecht, doch der zweite Herr, Verfassungsrechtler Alexander Thiele, ließ nicht lange auf sich warten und meinte: »Man könnte auch sagen: Individualismus gibt es nur im Plural. Die Debatte geht hingegen teilweise von einem (erschreckend banalen) Freiheitsbegriff aus, der allenfalls für Robinson Crusoe Geltung haben kann – bevor Freitag auftauchte.«[22]

Mein Freiheitsbegriff ist also banal, soso. Und das befindet jemand, der Individualismus in sein Gegenteil verkehrt, indem er behauptet, es gäbe ihn nur im Plural. Wenn es nicht so tragisch wäre, wäre es komisch, doch mir ist ehrlich gesagt nur mäßig zum Lachen zumute – schließlich sind es Juristen, die sich so äußern. Ich bin auch Juristin, und irgendwie habe ich es geschafft, mein Wissen über Grundrechte nach dem Studium nicht zu vergessen. Es kann auch nicht daran liegen, dass ich in Wien studiert habe. Universelle Menschenrechte schließen auch die Deutschen mit ein – ob sie wollen oder nicht.

An dieser Stelle ist möglicherweise eine kurze gedankliche Auffrischung hilfreich. Das gesamte freiheitsgarantierende Menschen- und Grundrechtsdenken beruht auf der liberalen (!) Einsicht, dass dem Einzelnen (!) Rechte gegenüber dem Staat zustehen; alle modernen Grundrechtskataloge sind Reaktionen auf spezifische Gefährdungen individueller Freiheiten. Damit ist der Begriff selbst – also »individuelle Freiheiten« – redundant, zur Betonung und Klarstellung aber hilfreich. Die Gleichung Freiheit = Freiheit des Indviduums ist also eigentlich eine Selbstverständlichkeit, die dennoch immer öfter als radikalindividualistischer Quatsch beiseitegeschoben wird.

Und damit zurück zur Impfpflicht. Es gibt nichts, das schwerer wiegt als das individuelle Recht auf körperliche Unversehrtheit. Daher ist es nicht an der Mehrheit zu entscheiden, was für den Einzelnen in der Impffrage als vernünftig gelten kann. Denn der Körper eines Menschen gehört niemandem außer diesem selbst. Diese Linie ist dunkelrot, und es ist auch rückblickend atemberaubend, wie versucht wird und wurde, sie wegzudiskutieren. Um nur ein beliebiges der unzähligen Beispiele zu nennen: »Bei der überhitzten Impfdebatte geht es nicht um Meinungen, Rechte und individuelle Freiheit. Es geht um Haltung«, las man etwa in einem Gastbeitrag des Philosophen Anders Indset in der »FAZ«[23], und alles daran ist falsch. Das Ablehnen der individuellen Freiheit in diesem Zusammenhang und das Heraufbeschwören des pseudoerhabenen Begriffs der Haltung ist ganz besonders fatal, denn nichts kann die individuelle Freiheit mehr betreffen als ein körperlicher Eingriff, und so ist nichts in Impffragen unpassender, als die Moralkeule der Haltung zu schwingen und so mündige Entscheidungen abzuqualifizieren und ins Abseits zu stellen.

Wer in der aufgeheizten Stimmung in der Pandemie im Rampenlicht stand, bekam die volle Wucht kollektiver Übergriffigkeit zu spüren. Der Fußballprofi Joshua Kimmich kann davon ein Lied singen. Er war eine Zeit lang skeptisch, was die Impfung angeht, und tat dies in einem Interview kund. Die Empörung war vorprogrammiert, doch ihr Ausmaß nahm absurdeste Züge an. Auch hier sei nur ein medialer Kommentar zur Veranschaulichung erwähnt. Im »Deutschlandfunk« schrieb der Journalist Maximilian Rieger: »Joshua Kimmich hat bestätigt, noch nicht geimpft zu sein, weil er Bedenken wegen Langzeitfolgen habe. Das Recht dazu hat er. Aber statt Vorbild für eine solidarische Jugend zu sein, hat er sich für die Seite der Wissenschaftsleugner entschieden.«[24] Seit ich das gelesen habe, macht mich das Wort Solidarität noch ein bisschen skeptischer als das Wort Haltung. Im Namen beider wird behauptet, die Gesellschaft zusammenhalten zu wollen, und zwar mithilfe des moralischen Presslufthammers. Doch wie könnte sich Kimmich mit einer Gesellschaft solidarisieren, die ihm etwas wider seinen Willen aufzwingen will, wie rückgratlos müsste er sein? Und was genau wäre daran moralisch richtig?

Der Begriff der Solidarität ist zum Totschlagargument derer verkommen, denen sonst nichts mehr einfällt. Maßnahmen, die jeder Angemessenheit entbehren, sollen durch moralischen Druck – eben durch Solidaritätsgesuche – umgesetzt werden. Und jeder, der daran zu halten sich weigert, ist automatisch ein schlechter Mensch. Ein geistiges Armutszeugnis, denn es ist nun einmal so: Erzwungene Solidarität ist keine. Solidarität meint den Zusammenhalt und die Unterstützung in einer Gruppe, zum Beispiel aufgrund gemeinsamer Interessen, Erfahrungen oder Ziele. Auch Zuneigung kann durchaus ein Grund sein, sich solidarisch zu zeigen. Dabei bezieht sich Solidarität schon begriffsnotwendig auf eine begrenzte Zahl von Menschen, nie auf die sogenannte Gesellschaft und schon gar nicht auf die ganze Menschheit. Es liegt also in der Natur der Sache, dass Solidarität auf Freiwilligkeit beruht und nicht verordnet werden kann; wer das dennoch versucht, pervertiert sie zum Befehl und nimmt ihr jeden moralischen Wert. Daher kann hier im Grunde nicht einmal von Solidarität als der Tugend, die sie ist, die Rede sein. Im Rahmen der Coronapolitik dient die mantraartige Wiederholung des Begriffs lediglich dem Verunmöglichen von Kritik.

Betrachtet man die vielen aufgeregten Kommentare zu Kimmichs Impfstatus, stellt sich allerdings noch eine ganz andere Frage: Seit wann besteht Journalismus eigentlich darin, seine Mitbürger auf angemessene Solidarität zu durchleuchten? Meinem Verständnis nach wären es eher der Staat und die Politik, die es zu hinterfragen und gegebenenfalls zu kritisieren gälte. Stattdessen entdeckten viele die Lust daran, sich auf das Individuum, den Abweichler, einzuschießen. Erneut wird überdeutlich, dass die Pandemie das Privatleben der Bürger – und Bürger ist Kimmich, Fußballstar hin oder her – dermaßen politisiert hat, dass einige an einer solchen Debatte wohl gar nichts Wunderliches mehr finden. Doch diese Politisierung der innersten Privatsphäre einzelner Bürger offenbart eine Lust an der Übergriffigkeit vonseiten des Staates und Teilen der Öffentlichkeit, die einer liberalen Demokratie unwürdig ist.

Die antiindividualistischen Tendenzen der Gegenwart haben zu interessanten Wortblüten geführt, meine liebsten darunter: »kollektive Freiheit« und »soziale Freiheit«. In einer Ausgabe des »Philosophie-Magazins« sagte der Verfassungsrechtler Christoph Möllers im Interview, dass er die individualliberale Sicht für verfehlt halte; der Begriff des Individuums ergäbe nur Sinn, wenn er sich auf eine Gemeinschaft beziehe. »Man muss Abstand davon nehmen, das Individuum zu etwas Natürlichem und die Gemeinschaft zu etwas Abgeleitetem zu erklären.«[25] Kollektive Freiheit nennt Möllers das, und ich frage mich, ob er wirklich nicht merkt, dass schon die Wortschöpfung ein Oxymoron ist. Verwundern kann das allerdings nur diejenigen, die Möllers jüngstes Buch, »Freiheitsgrade«, nicht gelesen haben. Denn auch dort liest man, dass es keinen

Primat der individuellen vor der gemeinschaftlichen Freiheit gebe, schon weil sich auch Individualität nur als soziales Phänomen beschreiben lasse, noch dazu als eines, das sich nicht alle wünschten.[26] Natürlich ist Möllers frei, seine Meinung zu haben und zu äußern; doch sind das wirklich die liberalen Granden der deutschen Gegenwart? Wenn man sich große Teile der Rezensionen dieses seines Buches so ansieht, kann man jedenfalls zu keinem anderen Schluss kommen. Die Verballhornung des altliberalen Freiheitsbegriffs wird aber auch dann nicht sexyer, wenn sie auf den Applaus des kollektivistischen Zeitgeistes stößt.

So versteht sich Möllers denn auch selbst als »sozialliberal«, wie er im Vorwort seines Buches schreibt. Was man sich darunter vorzustellen habe, schickt er sogleich hinterher. »Das Attribut sozialliberal verweist zum einen auf die soziale Gemachtheit von Freiheit, die nicht als natürliches Phänomen behandelt werden kann. Es verweist zum anderen darauf, dass Freiheit von Gemeinschaften in Gemeinschaften wahrgenommen werden kann und diese Formen der Freiheitswahrnehmung nicht abgeleitet oder sekundär sind.«[27] Stimmt, sie sind nicht abgeleitet oder sekundär. Sie sind nonexistent. Was hier versucht wird, ist, dem Kollektiv Freiheiten und somit Rechte einzuräumen, die es schlicht nicht hat – und zwar schon allein aus dem Grund, dass eine Gemeinschaft keine homogene Masse ist. Ziele, Werte, Ängste und Ideale der Individuen, aus denen sich eine Gemeinschaft zusammensetzt, sind durchaus unterschiedlich, sogar widersprüchlich. Auch die »soziale Gemachtheit von Freiheit« ist eine hübsche Formulierung.

»And who is society? There is no such thing«[28], sagte

Margaret Thatcher einst. Und wie recht sie damit hatte. Die Gesellschaft ist ein soziales Konstrukt, die Summe von Individuen. Es ist immer das Individuum, das denkt, das handelt, das frei ist. Kollektives Denken und Handeln – und somit auch kollektive Freiheit – gibt es nicht. Daher fantasieren auch jene, die das sogenannte Gemeinwohl beschwören: Nicht das Wohl der Gemeinschaft kann gefördert werden, sondern immer nur das Wohl Einzelner. Das berühmte Zitat der ehemaligen britischen Premierministerin geht allerdings noch weiter: »There are individual men and women and there are families and no government can do anything except through people, and people look to themselves first.«[29] Auf Deutsch: Es gibt nur einzelne Männer und Frauen und es gibt Familien. Keine Regierung kann etwas tun, außer durch Menschen. Und die Menschen müssen zunächst einmal auf sich selbst achten.

Das ist eine besonders präzise Definition von Eigenverantwortung beziehungsweise dem, was aus ihr folgt. Wer sich nicht zunächst um sich selbst kümmert, kann sich auch nicht um andere kümmern. Das ist kein Egoismus, das ist die Realität. Das ist kein Vulgärliberalismus, sondern eine Errungenschaft der Moderne.

Mit der vermeintlichen Situationselastizität des Freiheitsbegriffs geht einher, dass sich einige sehr wohl dabei fühlen, Freiheit nicht nur als Abwesenheit von Zwang, sondern als Anspruch auf alles Mögliche zu sehen. Stichwort *positive Freiheit*. Weitergedacht landet man rasch bei der sogenannten *sozialen Freiheit* – klingt nett, irgendwie viel menschenfreundlicher und so. Schmuseliberalismus. Was dabei in Vergessenheit gerät: Der liberale Freiheitsbegriff beinhaltet auch ohne das vorangestellte Adjektiv »sozial« keinen Anspruch darauf, jemand anderem Schaden zuzufügen, menschenfreundlicher geht es kaum. Liberalismus ist im Kern sozial, und zwar in dem Sinn, dass er jeder Person die Freiheit und das Streben nach Glück zubilligt. Liberalismus gibt jedem Einzelnen die Chance, sich in freier Kooperation – ohne staatliche Beschränkungen – zum wechselseitigen Nutzen zusammenzutun; die Vertragsfreiheit etwa ist etwas sehr nachhaltig Soziales. Darum kann es den selbst ernannten Sozialliberalen also nicht gehen. Stattdessen drückt ihre Wortverquickung ein Verlangen nach (wohlfahrts)staatlichen Vorschriften aus, also nach Fürsorge auf der einen und nach Zwang auf der anderen Seite. Mit Freiheit im ursprünglichen Sinn hat das alles nicht einmal mehr peripher zu tun. Oder, um es mit Friedrich August von Hayek zu sagen: »Ich glaube, das Wiesel-Wort par excellence ist das Wort sozial. Was es eigentlich heißt, weiß niemand. Wahr ist nur, dass eine soziale Marktwirtschaft keine Marktwirtschaft, ein sozialer Rechtsstaat kein Rechtsstaat, ein soziales Gewissen kein Gewissen, soziale Gerechtigkeit keine Gerechtigkeit – und ich fürchte auch, soziale Demokratie keine Demokratie ist.«[30] Und, möchte man ergänzen, dass soziale Freiheit keine Freiheit ist.

Womit wir bei den Grünen wären. Wie sehr sich der Begriff der Freiheit in den Händen sogenannter progressiver Kräfte wandelt, kann man bestens nachvollziehen, wenn man sich einige Gedanken oberster Parteivertreter genauer ansieht. Kämpften die Grünen in ihren Anfängen – den 1960er-Jahren – im Rahmen der Anti-Atomkraft-,

Umwelt- sowie der Friedens- und Frauenbewegung für Selbstbestimmung, agieren sie heute oft als Partei der Unfreiheit. Wenn Klimaschutz- und Wirtschaftsminister Robert Habeck seinen Freiheitsbegriff (unter anderem: »Verbote sind die Bedingung für Freiheit«[31]) darlegt, wird schnell klar, dass er sich in der vorhin beschriebenen positiven Freiheitskonzeption zu Hause fühlt. In seinem jüngsten Buch, »Von hier an anders«, schreibt Habeck unter Rückgriff auf den Philosophen Arnold Gehlen darüber, dass Machtstrukturen durch ein »Entlastungsbedürfnis« von Menschen entstehen. »Bestimmt zu werden, Entscheidungen nicht treffen zu müssen kann erleichternd sein. Jeder weiß, wie gut es sich anfühlen kann, wenn einem jemand eine Entscheidung abnimmt«[32], so Habeck.

Alles, was ich bei diesen Zeilen fühle, ist Grauen. Es ist die in zwei Sätze gepackte Entmündigung des Bürgers. Diese Vorstellung der Grünen, man müsse den Einzelnen nur genügend bevormunden, dann könne er frei sein, entspricht ihrem überbordenden Etatismus. Der Staat kann, soll und muss es richten. Während für die einen Freiheit also dort beginnt, wo der Einfluss anderer (also auch der des Staates) endet, beginnt er bei Vertretern der sogenannten positiven Freiheit (Robert Habeck etwa) dort überhaupt erst. Und spätestens hier entlarvt sich das grüne Freiheitsdenken als Luftnummer: Nie und nimmer lässt sich der Staat als Verteidiger der Freiheit rechtfertigen. Allein durch sein Gewaltmonopol verkörpert er viel eher die Negierung der Freiheit per se, weshalb ihm jeder Liberale durchaus – und immer – skeptisch gegenübersteht. Denn der Staat selbst existiert nur deswegen, weil er das, was

Einzelne erwirtschaften, abschöpft. Nur der Staat erhält also sein Einkommen – vulgo Steuern – durch Zwang, wie Murray Rothbard trefflich feststellte. In der Tat genüge die bloße Existenz eines einzigen Liberalen oder Anarchisten, um das Argument »Steuern sind in Wirklichkeit freiwillig« zu zerstören.[33] Wie wahr. Besteuerung ist legalisierter Raub, daran gibt es nichts zu beschönigen. Und nicht nur Steuer-, sondern auch Bildungs- und Militärpflichten widersprechen dem Prinzip der Freiheit fundamental. Dass man sich ihnen wohlüberlegt dennoch unterwirft, ändert daran nichts. Bürgerlichen Pflichten im Rahmen eines existierenden Staatswesens nachzukommen, kann immerhin davor bewahren, noch weitere Freiheiten einzubüßen.

Aus liberaler Sicht akzeptabel ist und bleibt damit nur der auf seine Grundfunktionen beschränkte Staat. Das heißt: ein Staat, der limitiert ist auf die Verwaltung der Justiz, die innere Sicherheit und die Verteidigung. Denn selbst wenn man sich als Freigeist damit abgefunden hat, dass es Recht und Ordnung braucht, um das Zusammenleben von Bürgern zu ermöglichen, so gilt doch stets: je weniger davon, desto besser. Es ist eine Illusion, vom Staat »soziale Gerechtigkeit« zu verlangen, denn es ist doch so: Gerechtigkeit gibt es nicht, zumindest nicht in dem Sinne, dass allen alles, also allen das Gleiche zusteht. Chancengleichheit bedeutet immer Ergebnisunterschied, denn wir sind nicht alle gleich, sollten aber alle die gleichen Chancen haben. Wer Ergebnisgleichheit erwartet, träumt von einer gleichgestellten Gesellschaft, von der Abschaffung der Meritokratie und also vom Ende der Leistungsgesellschaft. Verfahrensgerechtigkeit indes – also die gleiche Behandlung aller Bürger nach Recht und Gesetz – kann und muss ein Rechtsstaat leisten.

Von einem Minimalstaat im eben beschriebenen Sinne ist die Bundesrepublik meilenweit entfernt, und dennoch werden die Rufe nach dem starken Staat nicht leiser, im Gegenteil. Das wiederum ist für mich einigermaßen irritierend, wurde doch jedem Einzelnen im Zuge der Coronapandemie eindrücklichst vor Augen geführt, wozu der Staat beziehungsweise die Politiker, die ihn verkörpern, in der Lage sind. Im Namen des Infektionsschutzes getätigte Eingriffe etwa in die Bewegungsfreiheit, die Berufsfreiheit und die Versammlungsfreiheit waren beispiellos. Beim Nachdenken darüber, wie es künftig mit der Freiheit weitergeht, kann einem also etwas klamm ums Herz werden. Dazu hat auch das Bundesverfassungsgericht seinen Teil beigetragen, das sich mit seiner Klima-Entscheidung im vergangenen Jahr durchaus experimentierfreudig gab, was die Weiterentwicklung des Freiheitsverständnisses angeht.

Deutschlands oberstes Gericht erklärte das im Jahr 2019 von der Bundesregierung verabschiedete Klimaschutzgesetz für verfassungswidrig und statuierte damit einen grundrechtlichen Auftrag des Staates, das im Pariser Klimavertrag von 2015 formulierte Ziel umzusetzen – sprich, die langfristige Erwärmung des Weltklimas deutlich unter zwei Grad zu halten. Die Begründung: Die Kläger, darunter auch Aktivisten der Fridays-for-Future-Bewegung, würden durch die unzureichenden Vorkehrungen in ihren Freiheitsrechten verletzt.[34] Der Jubel der Luisa Neubauers war groß. Verständlich, denn wer die Freiheit von morgen schützen möchte, darf für die Beschneidung der Freiheit im Jetzt nun umso lauter trommeln. Den Grünen gefällt das, endlich macht ihre Formel »Klimaschutz ist Freiheitsschutz« *so richtig* Sinn. Aber ist dem so? Ich halte es, gelinde gesagt, für eine Anmaßung, zu behaupten, dass Menschen im Hier und Jetzt Freiheitsrechte für nebulöse Ziele wie den Schutz der Freiheit nachfolgender Generationen abzugeben haben. Freiheit ist kein Vorratsgut. Das bedeutet natürlich nicht, dass sie ohne jeglichen Gedanken an das Morgen gelebt und gedacht werden kann oder sollte. Doch dass der Gesetzgeber durch diesen Entscheid des Bundesverfassungsgerichts nun bereits 2022 – und nicht, wie bisher gesetzlich vorgesehen, erst 2025 – detailliert darlegen muss, wie Deutschland den jährlichen Ausstoß von Treibhausgasen nach 2030 weiter reduzieren will, erschließt sich mir nicht. Wie kann man jährliche Emissionsmengen und daran gekoppelte Maßnahmen über Jahre im Voraus verbindlich festlegen, wo man doch nicht wissen kann, was sich auf technologischer oder wirtschaftlicher Ebene bis dahin ändern wird, sprich, welche Entwicklungen der Welt und damit auch Deutschland überhaupt erst bevorstehen? Es würde mich zumindest nicht wundern, wenn uns die Elon Musks dieser Erde auch im Bereich des Klimaschutzes bald mit heute noch unvorstellbaren neuen Technologien überraschten. Aber was soll ich sagen, ich bin kein Richter des Bundesverfassungsgerichts und habe somit auch keinen Zugang zu den offenbar in Karlsruhe lagernden Glaskugeln.

Niemand zweifelt daran, dass die Freiheit jedes Einzelnen eingeschränkt werden kann und manchmal auch muss, sofern man in einem Staat unter anderen Menschen lebt, was wir nun einmal tun, oder sofern der Planet Erde nicht zerstört werden soll, was zumindest viele wollen. Doch wieso muss darunter der Freiheitsbegriff per se leiden? Es ist jedermanns gutes Recht, andere Werte (wie Sicherheit, Gesundheit, Umweltschutz oder einfach den Vollkaskostaat) für sich selbst höher zu gewichten als Freiheit. Es gibt sogar Parteien, die genau dafür stehen. Deutschland ist ein freies Land. Aber den Freiheitsbegriff bis zur Unkenntlichkeit zu verbiegen, nur um immer weitere staatliche Maßnahmen zu rechtfertigen – das ist irgendetwas zwischen peinlich und trostlos. In einer freien Gesellschaft kann kein Wert auf Dauer den der Freiheit überschatten, das ist meine Meinung. Dass andere ein eher strategisches Verhältnis zur Freiheit haben und versuchen, dieses allen anderen überzustülpen, ist eine Anmaßung.[35]

Je mehr ich über all die hauptberuflichen Freiheitsumdeuter nachdenke, umso deutlicher fällt mir auf, dass es – wenn überhaupt – nur ein Wort gibt, das dem Prinzip Freiheit entspricht. Es lautet: Nein. »Jedes Ding ist das, was es ist: Freiheit ist Freiheit – und nicht Gleichheit oder Fairness oder Gerechtigkeit oder Kultur oder menschliches Glück oder gutes Gewissen«[36], lautet ein Zitat von Isaiah Berlin. Dem ist nichts hinzuzufügen. Freiheit muss sich nicht verändern, weil Freiheit unveränderlich ist. Freiheit ist immer Freiheit, die alte wie die neue. Ihr Triumph und also ihre Schönheit besteht darin, dass der Zeitgeist ihr nichts anhaben kann. Daher bedarf der Liberalismus auch keiner Adjektive oder Präfixe, die ihn immer weiter ausbuchstabieren sollen – und dabei doch nur darauf abzielen, ihn zu schmälern. Linksliberal ist nicht liberal, sozialliberal ist nicht liberal, nationalliberal ist nicht liberal. Über brutal-liberal könnte man allerdings noch einmal nachdenken.

Freiheitserwachen, oder:

Das liberale Ich ist keine Schneeflocke

Wenn mich jemand fragt, wie ich mich mit einem Satz beschreiben würde, zitiere ich am liebsten Nietzsche. »Ich bin kein Mensch, ich bin Dynamit.«[1]

Ich könnte natürlich auch antworten: »Ich bin eine Frau, Österreicherin, heterosexuell und mit meiner Zwillingsschwester die erste Universitätsabsolventin meiner Familie.« Aber diese Merkmale sind nicht das Wichtigste – und auch nicht das Interessanteste – an meiner Persönlichkeit. Denn sie allein machen mich nicht aus. Zu dem, was ich bin, muss ich mich selbst machen. Aus diesen Gründen identifiziere ich mich am liebsten mit Dynamit. Sprengt jede Schublade.

Wieso diese radikal individuelle Beschreibung? Nun, weil Individualismus wichtig ist. Das Wichtigste, um genau zu sein. Synonym gebrauchte Schmähwörter wie Egoismus oder Hybris können letztlich nicht über die Tatsache hinwegtäuschen, dass es keine relevantere Entität als das *Ich* gibt. Jedes *Ich* steht für sich allein, es ist einzigartig. Derlei Äußerungen haben mir bereits schmucke Titel wie *Frei-*

heitsextremistin oder *libertäre Kalaschnikow* eingebracht, und was soll ich sagen: immer her damit. Es gibt kein richtiges Leben im falschen, meinte der große Adorno, und ich würde ergänzen, dass es auch kein falsches Leben im richtigen gibt. Leben heißt *Ich*-sein.

Nun könnte man denken, dass die identitätspolitischen Debatten der Jetztzeit genau darauf einzahlen: Jeder kann endlich sein, was er ist, das jeweilige *Ich* total ausleben. Doch wenige betrachten die Möglichkeit, ganz bei sich selbst zu sein, aus einer liberalen Perspektive, die sich nicht in erster Linie von anderen abhängig macht. Der Aufstieg der sogenannten *Snowflakes* – zartbesaiteter und bisweilen auch zartbehirnter Wesen – markiert die Trennlinie zwischen liberalem und zerbrechlichem *Ich*.

Inzwischen widmen sich ganze Bücher der Feststellung, wir lebten in einer Gesellschaft der Singularitäten,[2] niemand wolle mehr Durchschnitt, jeder wolle etwas Besonderes sein. Richtig ist: Nie war die Gesellschaft freier als heute, nie war es einfacher, sein Leben selbstbestimmt zu gestalten. Genau diese bis dato ungeahnten Möglichkeiten der Emanzipation verursachen in vielen Köpfen Stress, denn sie werfen den Einzelnen auf sich selbst zurück. Und der Stress macht anfällig für die Verführung des Kollektivs mit ihrem vereinfachenden Denken, genauer: mit ihrem Denken in Schubladen und moralischen Hierarchien. So sehen wir also, wie das Gieren nach Einfachheit und (gedanklicher) Sicherheit gegenwärtig geschmeidig befriedigt wird, indem man Menschen pauschal in Schubladen steckt und anschließend alle aus der einen Schublade als Opfer von Menschen aus einer anderen Schublade definiert. Dabei herrscht Konsens über das Etikett der Schublade mit den Tätern: »(Alte) weiße Männer« steht darauf. Was die Schubladen für die Opfer angeht, so passe ich sogar in derer zwei: Ich bin eine Frau und in Deutschland eine Ausländerin. Nach der Schubladenlogik wäre ich damit moralisch jedem (alten) weißen Mann mindestens zwei Nasenlängen voraus. Wenn ich nur wollte.

Man sieht an diesem Schubladenbeispiel: Der Schein eines Zeitalters des Individualismus trügt, identitätspolitische Auswüchse sind weniger Zeichen eines Hyperindividualismus als eines Kollektivismus. Die richtige Bezeichnung für das Phänomen müsste also Pseudoindividualismus lauten. An dessen Ende steht nicht die freie, sondern die Opfergesellschaft, mit freundlicher Unterstützung von Vater Staat, der diese Pervertierung des Verständnisses vom mündigen Bürger durch Quotenforderungen oder finanzielle Unterstützung auch noch fördert. Je mehr der Staat auf solche Weise eingreift und im Namen des vermeintlichen Schutzes von Minderheiten Regelungen erlässt, desto mehr wird das Leben jedes Einzelnen politisiert. Doch das Private ist nicht politisch, und der mündige Bürger ist keine Illusion. Die Infantilisierung, die durch die Betrachtung des Menschen als prinzipiell schutzbedürftiges Wesen entsteht, verhindert Selbstbestimmung. Selbstverwirklichung bedeutet nicht, nach vollzogenem Seelenstriptease die Toleranz aller anderen zu erwarten – und darauf angewiesen zu sein. Dieser Seelenstriptease und die Identitätsbesessenheit, die er bedeutet, stumpft ab, und zwar in beide Richtungen, die des Zuschauers und die des Tanzenden. Der, der den anderen nur aufgrund seiner Identität beurteilt, erwartet sonst nichts, degradiert das Gegenüber also eigentlich zum Idioten. Jedenfalls zum möglichen Idioten: Nicht, was in dessen Kopf so los ist, interessiert, sondern die Summe seiner Merkmale, die auf ein Kollektiv verweisen – Hautfarbe, Geschlecht, Herkunft und so weiter. Das idiotische Gegenüber wiederum klammert sich an die Aufmerksamkeit, die ihm zuteilwird, die soziale Währung unserer Zeit.

Man sieht also: Das identitätspolitische Schubladenwesen ist keinesfalls mit dem liberalen *Ich* zu verwechseln. Denn dieses liberale *Ich* definiert sich nicht in erster Linie über andere oder über unveränderliche Gegebenheiten; es ist vom Glauben an sich selbst getragen. Davon, dass da etwas zwischen den eigenen Ohren ist, bereit, abgerufen zu werden. Niemand kommt umhin, sich mit seinem unmittelbaren Umfeld zu vergleichen – das ist menschlich, allzu menschlich. Doch ich glaube fest daran, dass jeden Menschen etwas anderes einzigartig macht, und sich danach auf die Suche zu begeben erscheint mir als legitimer Lebenszweck, wenn man denn einen solchen braucht. Für viele gelte ich mit dieser Meinung als brutalliberal – wie schön.

Doch ich komme nicht umhin, mich zu fragen: Wie kann man *nicht* brutalliberal sein? Ich kann das für andere nicht beantworten, aber ich kann versuchen, meine geistige Genese zu umreißen. Es ist nicht so, dass es ein singuläres Erweckungserlebnis gegeben hätte, ich habe es nicht so mit religiösen Vorstellungen. Aber es gab ein Ereignis, das mir deutlich gemacht hat, wie sehr die Freiheit des Individuums gegenwärtig durch die Schubladendiskurse bedroht ist und ich auf dem liberalen *Ich* bestehen muss.

Es war Anfang 2019. Ich lebte damals noch in der schönsten Stadt der Welt, in Wien, und schrieb mich in den Masterstudiengang Gender Studies ein. Aus Neugier. »Das Ziel des Masterstudiums Gender Studies ist die Vermittlung der historischen und aktuellen Wirkmacht von Geschlechterkonstruktionen in Wissenschaft und Gesellschaft«[3], liest man als Beschreibung des Lehrgangs auf der Website. Als Magistra iuris standen mir die Türen zu dieser geschlechtslosen Welt weit offen. Was sollte schon schiefgehen.

Ehe ich mich versehen konnte, fand ich mich in einem Sesselkreis am Campus der Universität Wien wieder. Generell denke ich, dass alle schlimmen Dinge ihren Anfang in Sesselkreisen nehmen, aber ich war schließlich hier, um zu verstehen. Oder: um zu versuchen zu verstehen. Diese meine erste Pflichtlehrveranstaltung nannte sich »Guided Reading«. Eine Übung, die je nach Lehrveranstaltungsleiter den thematischen Schwerpunkt wechselt, in meinem Semester lautete er wie folgt: »Die Lehrveranstaltung soll dazu beitragen, den Blick auf die grundlegende Verwobenheit von u. a. rassisierenden, vergeschlechtlichten, heteronormativen und klassistischen Normen, sowie jene der able-bodiedness freizulegen und Wege zu neuen Denk- und Wahrnehmungsmöglichkeiten zu eröffnen.« Zu deutsch: Es ging um die Lehre der Opferhierarchien. Wohlmeinende nennen das Intersektionale Feminismen.[4]

Da sogar der deutsche Bundeskanzler Olaf Scholz inzwischen stolz behauptet, er sei »intersektioneller Feminist«, muss man sich klarmachen, was das überhaupt bedeutet. Das Muster geht so: eine Frau? Unterdrückt. Eine schwarze Frau? Doppelt unterdrückt. Eine schwarze homosexuelle

Frau? Gewinnerin der Opferolympiade, wenn ihr nicht noch eine schwarze, homosexuelle Transfrau zuvorkommt. Oder eine schwarze, homosexuelle Transfrau aus einer »niedrigeren« sozialen Klasse. Oder eine schwarze, homosexuelle Transfrau aus einer »niedrigeren« sozialen Klasse mit Behinderung. Man merkt: Mit Individualismus hat das alles nichts mehr zu tun. Zwar glaubt jede dieser Schneeflocken, die sich generell von jedem und allem im Leben benachteiligt fühlen, dass sie durch multiple Diskriminierungen etwas Besonderes (im Sinne von: etwas Singuläres) seien, doch das ist falsch. Die Zuordnung in Opferschubladen je nach Diskriminierungspotenzial ist angewandter Kollektivismus, der eben nicht darauf abstellt, was die jeweils einzelne Person – unabhängig von ihren äußeren Merkmalen – ausmacht. Es ist neumodisches Kastendenken.

Dieses Kastendenken wurde Ende der 1980er-Jahre zum ersten Mal mit der Bezeichnung »Intersektionalität« bedacht, und zwar von der US-amerikanischen Juristin Kimberlé Crenshaw. Demnach kann eine Person Opfer unterschiedlichster Diskriminierungen werden. Beispielsweise, weil sie eben eine Frau *und* schwarz ist. Auf diese Weise lassen sich beliebig viele und immer weitere Opferkategorien kreieren. Und da es dabei auf die Gefühle des Einzelnen ankommt, ist es irrelevant, ob diese identitätsfixierte Behauptung argumentativ haltbar ist; Kritik wird mit dem Vorwurf des Rassismus, des Klassismus, des Ableismus, der Misogynie oder der Transphobie begegnet und damit abgewürgt. Einen obersten Richter in diesem Nullsummenspiel kann es nicht geben, eben weil die Kategorien und Variationen der jeweiligen Unterdrückung subjektiv und damit endlos sind. Es geht also eher darum, dass jeder leiden darf, wenn er nur möchte.

Und sehr viele möchten. Am liebsten beginnen zeitgeistige Sensibelchen ihre Ansprache mit der Phrase »Ich als«, etwa: »Ich als Frau«. Damit wird eine unverrückbare Wahrheit beansprucht – unhinterfragbar, weil subjektiv. Was zählt, ist die Position des Sprechers, viel eher als das, was er überhaupt zu sagen hat. Wer dem Opfer widerspricht, macht sich folglich gleich einer Diskriminierung schuldig. Ein Perpetuum mobile aus der Hölle.

Zurück zu den Gender Studies in Wien: Dass wir zu Beginn der Lehrveranstaltungen das Angebot erhielten, unseren Namen oder unser Pronomen je nach Befindlichkeit ändern zu können, irritierte mich damals noch ein wenig.[5] Inzwischen ist die Praxis der Selbstbezeichnung gang und gäbe in den sozialen Medien: Wer signalisieren will, dass er *woke* ist, sprich, in sozialem Gerechtigkeitsdenken erwacht, lässt die Welt wissen, wie er korrekt adressiert werden möchte. She/Her, He/Him, They/Them (besonders praktisch für die multiplen Persönlichkeiten) – die Liste der sogenannten Neopronomen wächst und erfreut sich zunehmender Beliebtheit. Die Person jedenfalls, die diese eine Gender-Studies-Lehrveranstaltung leitete, bestand darauf, nicht mit »Liebe/Lieber« angeschrieben zu werden, sondern geschlechtsneutral, etwa mit »Hallo«.

Jeder, wie er möchte, dachte ich mir noch wohlsinnig, doch dann wurde es wirklich unangenehm. Die folgenden drei Stunden der Lehrveranstaltung waren, sagen wir: interessant. Weil die Person, die die Übung leitete, sich selbst dabei unwohl fühlte, frontal mit uns zu sprechen

(Hierarchiephobie), wie das im universitären Betrieb üblich ist, bildeten wir den besagten Sesselkreis. Was darin dann stattfand, war eine Mischung aus Gruppentherapie und der Möglichkeit, seine eigenen Beweggründe dafür, dass man sich für Gender Studies entschieden hatte, zu präsentieren.[6]

Also. Wie wir uns fühlen. Weshalb wir hier sind. Welche Wörter wir in unserem eigens geschaffenen *safe space* lieber nicht verwenden wollen, um niemanden im Raum zu verletzen. Derart in Watte gepackt kam ich an die Reihe und stellte mich wahrheitsgemäß vor, Anna, Juristin, 28 Jahre alt. Und von nun an Studentin der Gender Studies. Allgemeines Wohlwollen erfüllte den Raum, könnte ich dann doch familien- oder gleichheitsrechtlichen Input geben. »Ich habe gelernt, den Respekt vor dem Familienrecht zu verlieren«, meinte die Person, die die Lehrveranstaltung leitete, und ließ mich damit doch eher sprachlos zurück.[7] Mein libertäres Herz kann durchaus nachvollziehen, dass man mit den allermeisten Gesetzen fremdelt; es kann mir etwa bis heute niemand schlüssig erklären, weshalb nicht längst alle Drogen freigegeben sind, schließlich ist es nicht Aufgabe des Staates, einem freien Menschen vorzuschreiben, wie er sich (nicht) umzubringen hat. Doch es ist etwas anderes, einem auf parlamentarischem Wege zustandegekommenen Gesetz den Respekt zu verwehren; ich kann den Rechtsstaat und die sich aus ihm ergebenden Folgen durchaus respektieren, ohne sie zu teilen oder gutzuheißen. Das würde ich auch von einer Person erwarten, die an einer staatlichen Universität lehrt – zumindest, was ihre öffentlichen Äußerungen diesbezüglich angeht.

Während ich es nicht wagte, der geistig beengten und beengenden Stimmung dieser ersten Lehrveranstaltungseinheit zu entfleuchen – worin bestünde sonst auch der Witz eines Selbstversuchs –, büxte eine unbedarfte Kommilitonin kurzerhand aus dem sorgfältig abgesteckten Denkkorsett aus. Sie erdreistete sich, die lehrveranstaltungsleitende Person zu fragen, was genau am Wort »farbig« problematisch sei. Stille. Sie möge das einfach googeln, erhielt sie schließlich als Antwort. Ein eigenartiges Verständnis von Diskurs, möchte man meinen. Noch dazu an einer Hochschule, der Heimat freier Gedanken und ihrer ebenso freien Äußerung. Eine Universität ist kein *safe space* und Unwohlsein keine Gefahr, aber das sieht man innerhalb der Gender Studies anders. Was für ein Opferstudium.[8]

Nun könnte man geneigt sein, zu denken, sei's drum, was beschäftigt mich ein Lehrgang, der Schneeflocken produziert, die im besten Fall einen Job als Diversitäts- oder Gleichstellungsbeauftragte bekommen. Doch der Anschein, es handle sich hier nur um eine Diskussion im Elfenbeinturm, trügt. Es ist immerhin die nächste Generation, die in dieser vermeintlichen Wohlbehütetheit aufwächst, die Sprache als Gewalt empfindet. Doch nicht Sprache ist Gewalt, Gewalt ist Gewalt.

Für die USA haben dieses Phänomen der Generation Schneeflocke bereits vor Jahren der Anwalt Greg Lukianoff und der Soziologe Jonathan Haidt in ihrem famosen Buch »The Coddling of the American Mind« aufgeschrieben; so manches daraus lässt sich eins zu eins auch auf unsere Breitengrade übertragen. Studentischer Aktivismus sei natürlich nichts Neues, so die Autoren. Neu sei allerdings die Annahme, Studenten seien fragil. Auch diejenigen, die selbst nicht fragil seien, glaubten oft, dass andere in Gefahr wären und daher beschützt werden müssten.[9] Dieser Sicherheitskult bringt es mit sich, dass Studenten zum Zwecke ihres emotionalen Wohlbefindens Schutz vor ihnen widerstrebenden Meinungen und Ansichten fordern. »Emotional safety« beziehungsweise »emotional injury« wird so zum Wort dieser *Generation Snowflake*, die sich an Universitäten *safe spaces* einrichtet, Triggerwarnungen bei potenziell verstörenden Lehrinhalten erwartet oder dagegen protestiert, wenn jemand zu ihr sprechen soll, der eine andere Meinung vertritt als sie selbst.

Dieser Blick in die Abgründe US-amerikanisch-universitären Treibens sollte auch hierzulande die Alarmglocken schrillen lassen – allein, das ist nicht der Fall. Stattdessen stehen die Gender Studies noch unter Welpenschutz. Es ist eine Sache, dass ich nun aus eigener Erfahrung bestätigen kann, dass die Bezeichnung »Schneeflocken« für zumindest diesen Teil des studentischen Nachwuchses ziemlich zutreffend ist. Dass diese vom Leben Verschreckten sich naturgemäß lieber nur unter ihresgleichen aufhalten, führt außerdem zu einem für eine Universität eigenartigen, in diesem Fall aber logischen Schluss: Man umgibt sich nur mit Gleichgesinnten. Eine genderkritische Gender-Studies-Professur? Unvorstellbar. Und darin liegt denn auch das ganze Problem.

Zwar ist es nichts Neues, dass an den sozialwissenschaftlichen Fakultäten der Universität Wien – und nicht nur dort – ein gewisser politischer Konsens, nämlich ein linker, herrscht. Doch das Ausmaß der Konformität, die mir im Laufe meines Kurzausfluges in die Gender Studies entgegenschlug, überraschte mich dann doch. Ich will und kann nicht den gesamten Masterstudiengang beurteilen, und naturgemäß lässt sich anhand der Erfahrungen eines Semesters kein pauschales Urteil fällen; aber einen gewissen Einblick erlauben sie eben doch. Zwei andere von mir besuchte Lehrveranstaltungen waren Vorlesungen, die eine zum Thema Theorien und Methoden, die andere zum Thema Einführung in die Gender Studies. Es schien, als ob die meisten Kommilitoninnen (die zwei bis drei Kommilitonen äußerten sich erst gegen Ende des Semesters regelmäßiger) schon mit einem vorgefertigten Weltbild in den Lehrsaal gekommen wären, das sie nicht zu hinterfragen bereit waren. Dieser Verdacht bestätigte sich in der ersten Lehrveranstaltungseinheit der Theorievorlesung, als nicht bloß eine Kollegin auf die Frage, was wir denn unter dem Begriff Geschlecht verstünden, wie aus der Pistole geschossen mit: *Herrschaftsstruktur!* antwortete. So weit, so eigenartig, entließ uns die Dozentin vorerst mit den Worten »Wir haben weder eine gemeinsame Lösung noch ein gemeinsames Ziel, nichts ist falsch. Es ist schön, dass sich so viele Menschen Gedanken machen« in unser erstes Semester.[10]

An sich zeichnet sich jede Wissenschaft dadurch aus, dass man ihr Wissen überall auf der Welt erlernen kann. Deshalb ist es merkwürdig, dass die Erfahrungen des einzelnen Studenten im Rahmen der Gender Studies derart in den Fokus gerückt werden, dass die Rolle des Lehrenden zwangsläufig geschmälert wird. Wozu aber gibt es überhaupt Professoren, Experten also, wenn das subjektive Empfinden einzelner Studenten als absolute Wahrheit gelten kann? Hier zeigt sich die Unterscheidung zwischen liberalem und zerbrechlichem *Ich* deutlich: Beide würden zwar ihre Erfahrungen teilen, wenn sie darum gebeten werden. Aber nur das zerbrechliche *Ich* würde die unverrückbare und damit absolute Opferposition einnehmen.

Doch nun genug von meiner Expedition in diese universitäre Schneeflockenproduktionsstätte. Ich hätte es mir gerne noch länger angesehen, doch leider konnte ich mein Gender-Studies-Studium nicht fortsetzen. Manchmal kommt eben das Leben dazwischen, in meinem Fall der Umzug in die deutsche Hauptstadt, also nach Berlin. Das Gute an der Sache ist: Hier muss man nicht einmal Gender Studies studieren, um täglich verfolgen zu können, in was für einem geistig desolaten Zustand sich die identitätspolitische Debatte inzwischen befindet.

Ein Beispiel. Der Verein Neue Deutsche Medienmacher*innen verleiht seit 2018 den Schmähpreis *Goldene Kartoffel* für »besonders unterirdische Berichterstattung« an »Medien und Journalist*innen, die ein verzerrtes Bild vom Zusammenleben im Einwanderungsland Deutschland zeichnen«[11]. Im vergangenen Jahr ging diese Auszeichnung an die »unterirdische Debatte über Identitätspolitik«, und eigentlich, so befinden die Neuen Deutschen Medienmacher*innen, haben sich dabei alle »bürgerlichen Medien« um den Preis verdient gemacht. Von der »taz« bis zur »FAZ«, von ARD bis n-tv, von Deutschlandradio bis zum gesamten Privatfunk, das sei wirklich ein Gemeinschaftswerk gewesen[12], liest man in der Pressemitteilung.

Und so kommt es, dass in dieser Aufzählung auch eine Folge des ARD-»Presseclubs« Erwähnung findet, in der ich eine Wortspende liefern durfte – wie schön. Ich hatte im März vergangenen Jahres eine Selbstverständlichkeit unserer repräsentativen Demokratie wiedergegeben, und zwar, dass das Prinzip der Repräsentation darin besteht, jemanden wegen seiner Gedanken und nicht wegen seiner äußeren Merkmale zu wählen.[13] Das Modell der repräsentativen Demokratie beruht auf einem liberal gedachten Subjekt: Nicht die äußeren Umstände und Gegebenheiten – wie etwa Alter oder soziale Klasse – machen es aus, sondern seine Überzeugung und seine Fähigkeit. Folglich kann im Prinzip jeder durch jeden vertreten werden. Wie der CDU-Politiker Wolfgang Schäuble in seiner Rede als Altpräsident zur Eröffnung des neuen Bundestages im Herbst des vergangenen Jahres ausführte: Die repräsentative Demokratie beruhe auf der politischen Gleichheit aller Bürger – ohne Rücksicht auf ihre soziokulturellen Merkmale. »Als gewählte Repräsentanten vertreten wir die Repräsentierten nicht durch unsere Person, sondern durch unsere Politik«, so Schäuble. Der Bundestag werde nie ein exaktes Spiegelbild der Bevölkerung sein.[14] So ist es. Repräsentation ist eben nicht mit Repräsentativität zu verwechseln; ein Abgeordneter vertritt immer das ganze Volk, nicht nur die Gruppe, der er selbst angehört. Wir leben nicht (mehr) in einem Ständestaat.

Mein Hinweis auf diese Grundfesten der liberalen Demokratie brachte indes die identitätsbewegten Zeitgenossen ziemlich in Rage. Wie konnte ich es auch wagen zu behaupten, dass ein Parlament voller Männer für mich vollkommen in Ordnung wäre - weil auch Männer mich (als Frau) angemessen vertreten könnten.

Hinter der Empörung über meine Äußerungen steckt der Glaube, dass nur derjenige, der einer diskriminierten Gruppe angehört, diese auch angemessen vertreten kann. Auf die Spitze getrieben bedeutet diese Annahme, dass als Sprecher nur mehr derjenige akzeptiert wird, der Diskriminierung am eigenen Leib erfahren hat. Ein absoluter und damit exklusiver Ansatz, der jeden Diskurs verunmöglicht und den Mitmenschen jede Fähigkeit zur Empathie abspricht. Diesem kollektivistischen Gedankengut bescherte in jüngster Zeit insbesondere die aus den USA nach Deutschland übergeschwappte Black-Lives-Matter-Bewegung beunruhigenden Aufschwung - um noch ein weiteres prominentes Beispiel für den gesellschaftlichen Aufstieg der Schneeflocken anzuführen.

Diesen sogenannten Antirassisten gilt nicht mehr das Prinzip der Farbenblindheit - also der Gedanke, dass die Hautfarbe eines Menschen irrelevant ist - als oberste Waffe im Kampf gegen Diskriminierung, sondern ganz im Gegenteil die Einteilung der Menschen in Gruppen - und zwar ausgerechnet nach ihrer Hautfarbe. Die Black-Lives-Matter-Aktivisten verabschieden sich damit ganz grundsätzlich von westlichen (Freiheits-)Werten, die darauf beruhen, dass niemand aufgrund seines Äußeren beurteilt beziehungsweise diskriminiert werden darf. Nichts mehr mit Martin Luther Kings großartiger »I have a dream«-Rede (»Ich habe einen Traum, dass meine vier kleinen Kinder eines Tages in einer Nation leben werden, in der sie nicht wegen der Farbe ihrer Haut, sondern nach dem

Wesen ihres Charakters beurteilt werden«[15]), doch allein durch die Bezugnahme darauf mache ich mich wohl der kulturellen Aneignung schuldig. Ich bitte um Verzeihung. Aber ganz im Ernst: Das zeitgeistig-antirassistische Denkkonzept gibt sich progressiv und verkörpert letztlich genau das Gegenteil, nämlich die Abkehr von den Werten der Aufklärung. Damit unterscheidet es sich nüchtern betrachtet nicht von den Gedanken eines Rassisten.

Das kritisiert auch der Linguist John McWorther scharf. In seinem Buch »Die Erwählten« teilt er den Antirassismus grob in drei Wellen ein. Die erste Welle des Antirassismus habe gegen Sklaverei und Rassentrennung gekämpft. Die zweite Welle habe gegen rassistische Einstellungen in den 1970er- und 1980er-Jahren gekämpft und Amerika und der Welt beigebracht, dass Rassismus ein moralischer Makel sei. Die dritte Welle des Antirassismus indes, die in den 2010er-Jahren zum Mainstream wurde, lehre, dass Rassismus fest in der Struktur der Gesellschaft verankert sei.[16] Die ›Komplizenschaft‹ der in diesen Strukturen lebenden Weißen konstituiere diesen Rassismus überhaupt erst, wohingegen das Ringen mit dem sie überall umgebenden Rassismus den gesamten Erfahrungsraum schwarzer Menschen definiere, schreibt McWorther. Das wiederum verlange eine ganz besondere Feinfühligkeit schwarzen Menschen gegenüber, unter anderem würden gesellschaftlich etablierte Erfolgs- und Verhaltensstandards extra für sie aufgehoben.[17] Der mediale Shitstorm, der über McWorther hereinbrach, war erwartbar, fiel aber verhaltener aus als in anderen Fällen, in denen jemand den zeitgeistigen Antirassismus infrage stellt. Denn: McWorther ist schwarz. So kritisiert er auch besonders, dass diese jüngste Welle des Antirassismus vor allem von linksliberalen Weißen vorangetrieben werde, die sich zu Rettern schwarzer Menschen stilisierten. Herablassend sei das[18], so McWorther, »und im Grunde ›rassistische Alternativpolitik‹«[19]. Schwarze als bemitleidenswerte, schwache Menschen – Opfer eben.

Als eine dieser selbst ernannten Retterinnen kann die Bestsellerautorin Robin DiAngelo gelten, deren Thesen nicht nur in den USA auf fruchtbarsten Boden fallen. In »Wir müssen über Rassismus sprechen: Was es bedeutet, in unserer Gesellschaft weiß zu sein« behauptet sie, dass alle Weißen qua Geburt Rassisten seien,[20] und sie ist damit ziemlich erfolgreich: Seit dem Beginn der Black-Lives-Matter-Demonstrationen tourt die Soziologin durch Talkshows und erläutert, wie man als weißer Mensch seinen Rassismus loswird. Ihr Buch erschien zwar schon vor Jahren, doch der Zeitgeist bescherte ihm ein großes Comeback – und eine Übesetzung ins Deutsche. Dass man die Geschichte und die Strukturen Amerikas nicht eins zu eins auf Deutschland umlegen kann, ignoriert DiAngelo getrost; indem man das Wort »Afroamerikaner« durch das Wort »Migrant« ersetze, sei den kulturellen Differenzen Genüge getan,[21] liest man in ihrem Vorwort zur deutschen Ausgabe – und staunt nicht schlecht. Doch diese Schlichtheit der Argumente durchzieht das ganze Buch.[22]

Von Eigenverantwortung hält DiAngelo nicht viel, in ihrer Welt funktioniert alles sehr einfach: Strukturen determinieren den Menschen, er kann sich ihrer nicht entledigen. Und die Struktur, um die es in ihrem Buch geht, heißt weiße Suprematie. Erst, wenn alle Weißen ihren Rassismus anerkennen würden, könne man (vielleicht, irgendwann) über sich selbst hinauswachsen. Dafür darf man sich schon einmal von der »Ideologie des Individualismus«[23] verabschieden – die Gruppenidentität geht über alles. Aber frei von Rassismus könne man ohnehin nie sein: Eltern könnten ihren Kindern nicht beibringen, keine Rassisten zu sein, und könnten selbst gar nicht frei von Rassismus sein, schreibt DiAngelo. Eine rassismusfreie Erziehung sei unmöglich, weil Rassismus ein in Kultur und Institutionen verankertes Gesellschaftssystem sei.[24] Liest man ihr zweites Buch, »Nice Racism«, scheint es, dass in ihrem Fall der Lernprozess zu mehr Radikalität geführt hat. Farbenblindheit ist dort nicht einmal das Licht am Ende des Tunnels, die antirassistische Perspektive muss nach DiAngelo vielmehr auf Dauer und also für immer eingenommen werden.[25] Der weiße Mensch trägt demnach eine Erbsünde in sich, die er nie wird abwerfen können. Was für ein trauriges Menschenbild diese Kirche der sozialen Gerechtigkeit doch vermittelt.

Es reicht also nicht mehr aus zu behaupten, man sei kein Rassist – vielmehr müsse man Antirassist sein, um mit einer anderen Ikone des Milieus, Ibram X. Kendi, zu sprechen. Das »Time«-Magazin ehrte ihn 2020 als eine der 100 einflussreichsten Personen der Welt.[26] In seinem Buch »How to be an Antiracist« schreibt er, es gebe keine nichtrassistische oder rassisch neutrale politische Maßnahme. Das einzige Heilmittel gegen rassistische Diskriminierung sei antirassistische Diskriminierung.[27] V wie Vendetta also. Wenn man das liest, stellt sich die Frage, weshalb der Aufschrei derer, die sich nicht in geistiger Umnachtung befinden, so leise ausfällt. Doch Antirassismus klingt nun einmal so positiv. Niemand möchte ein Rassist sein. An dieses Schamgefühl knüpfen all die Gerechtigkeitsartisten mit verschwurbelten Begriffen wie »struktureller Rassismus« an und voilà, schon ist verschleiert, dass ihr Projekt der Rerassifizierung der Welt intellektuell auf äußerst wackeligen Beinen steht.

Doch es sei erlaubt zu fragen, wie es kommen konnte, dass man von der ursprünglichen Rassismus-Definition – ein Rassist ist, wer andere aufgrund ihrer Ethnie oder Hautfarbe abwertet – zum Pauschalvorwurf des strukturellen Rassismus kam. Für Vertreter der »Critical Race Theory« wie Kendi ist Rassismus nicht die Ausnahme, sondern die Norm; nach diesem Denken ist jeder ein Rassist, wenn er einer finanziell bessergestellten Gruppe angehört – also vom System »profitiert« – und weiß ist. Es zählt (im buchstäblichen Sinne) nur mehr schwarz oder weiß, gut oder böse, privilegiert oder unterdrückt. Eine durch und durch pessimistische Weltsicht, die das Prinzip der Aufklärung zum reinen Herrschaftsinstrument degradiert. Damit stellt die »Critical Race Theory« die liberale Ordnung ganz grundsätzlich infrage – inklusive des Gleichheitsgrundsatzes. Sie ist ein offener Angriff auf die westlichen Freiheitswerte.

Aber sie ist auch für die Sache, um die es geht, die Bekämpfung von Rassismus, kontraproduktiv. Denn mit ihrer weit gefassten Rassismusdefinition, die nicht mehr auf individuelles Fehlverhalten zurückzuführen ist, lässt sich letzten Endes so ziemlich alles als rassistisch kategorisieren. Damit werden der Begriff und das Übel, das Rassismus in seiner ursprünglichen Definition meint, nicht nur verwässert, sondern ihrer ganzen Bedeutung beraubt. Wenn alles Rassismus ist, ist Rassismus nichts. Ich denke, dass rassistisches Verhalten sich nur dann effektiv benennen und bekämpfen lässt, wenn es einem verantwortlichen Individuum zugerechnet wird und also intentional ist. Alles andere wird nicht nur dem Begriff Rassismus nicht gerecht, sondern entmündigt außerdem den Bürger und spricht ihm die Fähigkeit ab, eigene Entscheidungen treffen zu können. In diesem Sinne gilt zumindest für mich: Ich bin kein Antirassist, denn ich bin einfach kein Rassist.

All den vermeintlichen Gerechtigkeitskämpfern, seien es Anhänger der Gender Studies, selbst ernannte Antirassisten oder ganz generell identitär Verblendete, ist eines gemeinsam: Ihr Ziel ist es, Minderheiten aus der Unterdrückung zu befreien. Und wer würde diesem Anliegen widersprechen wollen. Doch dieser vermeintlich gute Zweck verschleiert allzu oft die illiberalen Mittel, anders kann ich mir nicht erklären, dass sich so viele Menschen davon beeindrucken lassen. Dadurch, dass Menschen aufgrund äußerer Merkmale wie Geschlecht oder Hautfarbe, aufgrund ihrer gesellschaftlichen Herkunft oder ihrer sexuellen Orientierung in Gruppen eingeteilt werden, wird niemand befreit. Im Gegenteil: Identitätspolitik als kollektivistische Politik unterdrückt das Individuum – und damit die Freiheit per se.

Nun könnte man meinen, ich würde mich an Blasendiskussionen abarbeiten, die im echten Leben keine Folgen zeitigen. Dass dem nicht so ist, sieht man daran, dass sich Diversitätszwang (was Äußerlichkeiten angeht) in Deutschland längst etabliert hat. Ob Frauenquoten in Aufsichtsräten oder Rufe nach Migrantenquoten im Journalismus: Das illiberalste Politikinstrument »Quote« ist allgegenwärtig. Und mehr noch: Antirassismusschulungen trenden, völlig von vorgestern ist das Unternehmen, das noch keinen Diversity-Beauftragten eingesetzt hat. *Go woke or go broke.*

Auf der politischen Ebene sieht es nicht anders aus: Anfang 2021 war es die in Berlin mitregierende Linkspartei, die einen Gesetzentwurf für die Einführung einer Migrantenquote von 35 Prozent im öffentlichen Dienst vorlegte; er scheiterte allerdings. Ähnlich erging es den Versuchen zweier ostdeutscher Bundesländer, Brandenburg und Thüringen, sogenannte Paritätsgesetze durchzusetzen. Sie sahen vor, Parteien dazu zu verpflichten, gleich viele Frauen wie Männer auf ihre Wahllisten zu setzen – doch keines der beiden Gesetze hielt der Überprüfung durch das jeweilige Landesverfassungsgericht stand. Keine Gruppe habe den Anspruch, gemäß ihrem Bevölkerungsanteil im Parlament vertreten zu sein,[28] so die Richter. Parteien seien frei in der Gestaltung ihrer politischen Ziele; dies gelte auch für die Frage, ob man sich dem Ziel der Gleichberechtigung der Geschlechter mehr oder weniger verschreibe.[29]

Und genau an dieser Stelle findet sich der zentrale Denkfehler vieler Quotenbefürworter. Immer öfter wird aus der politischen Forderung nach Gleichberechtigung unbemerkt und meist ohne Widerspruch der Anspruch auf Gleichstellung. Dabei muss man unterscheiden: Wer Gleichberechtigung will, akzeptiert, dass die Rechteinhaber in mancherlei Hinsicht durchaus ungleich sein können – und sein dürfen.

Weder sind alle Frauen noch alle Männer (und schon gar nicht alle Migranten, um bei den Berliner Fantasien zu bleiben) gleich. Sie sind Individuen. Gleichberechtigung ermöglicht also Freiheit, weil Ungleichheiten nicht negiert werden. Wer hingegen von Gleichstellung spricht, meint die Normierung einer absoluten Gleichgewichtung der jeweiligen Gruppe, also Gleichmacherei, die den Einzelnen nicht als Individuum, sondern nur als Teil eines Kollektivs erfasst. Was nicht passt, wird passend gemacht: So gelangt man zwar zu einer abstrakten Gleichheit für das Kollektiv, behandelt aber Individuen ungleich.

Gleichstellung ist daher nicht die logische Konsequenz von Gleichberechtigung, sie hebelt letztere vielmehr aus. Gleichberechtigung ist grundrechtlich verankert – aber an keiner Stelle im Grundgesetz steht, dass sie durch Gleichstellung zu erfolgen hat. Quotenregelungen widersprechen individualistischem Denken fundamental; als kollektivistischer Politikansatz sind sie nicht mehr als ein plumpes Instrument, ein Akt der Patronage. Wer auf einem Quotenplatz sitzt, wird zum Objekt gemacht. Ergebnis- statt Chancengleichheit ist das Gegenteil von Ermächtigung. Kein *Empowerment*, nirgends.

In Betrachtung der ganzen Sinnlosigkeit, in die Identitätsdiskurse also letzten Endes führen, komme ich zu dem Schluss, dass an ganz anderer Stelle angesetzt werden muss – nämlich beim liberal gedachten *Ich*. Anders gewandt:

Euer Paternalismus kotzt mich an.

Die Einzige, oder:

Mean Girl Ayn Rand

Es gibt eine Frage, die mir gestellt wird, seit ich denken kann. Wie das ist, ein Zwilling zu sein. Normalerweise sage ich dann, dass ich das eigentlich nicht beantworten kann, weil ich nicht weiß, wie es ist, *kein* Zwilling zu sein. Ich stelle mir das Dasein als Nichtzwilling ehrlich gesagt unschön vor, was wohl nur Menschen verstehen können, die sich ebenfalls einst mit jemandem ein Ei geteilt haben. Das erklärt auch, warum die, die allein zur Welt kamen, sich gelegentlich in eigenartigen Gedankenspielen ergehen. Seid ihr wirklich *komplett gleich*? Was für eine – pardon – idiotische Frage. Natürlich nicht, kein Mensch ist gleich wie ein anderer, auch kein Zwilling, denn es ist doch genau das, was jeden Menschen ausmacht: seine Singularität. Dennoch ist meine Schwester mein zweites Ich, niemand versteht mich besser, weil niemand mich besser kennt, weil niemand mich jemals besser kennen kann. Es ist mit anderen Beziehungen nicht vergleichbar, und vielleicht denke ich deshalb anders über das Einzelnsein nach als die Mehrzahl der biologischen Einzelgänger: Ein Leben ohne meine Schwester liegt schlicht außerhalb meiner Vorstellungskraft. 2 ist gleich 1, so schnell sind die mathematischen Grundlagen ausgehebelt. Vielleicht habe ich damit die perfekte Antwort auf die Frage nach dem Zwillingsdasein gefunden. Es ist wie eine Superkraft.

Und trotzdem bin ich – wie jeder – eine Einzelne. Einzelnsein, schreibt Rüdiger Safranski in seinem fantastischen Buch über diese philosophische Herausforderung, da denke man sogleich an Selbstverwirklichung. Und mit diesem Begriff ginge heute zu oft nur noch Sinnentleertes einher: »Alles muss raus, also Selbstdarstellung um jeden Preis, oder: Alles muss rein, also Selbstverwirklichung im Konsum.«[1] Safranski plädiert demgegenüber dafür, Selbstverwirklichung von der Idee der Selbstüberwindung her zu denken. Denn Einzelnsein bedeute, dass man zwar immer irgendwo dazugehört, aber auch imstande ist, für sich allein zu stehen.[2] »Jeder ist ein Einzelner. Aber nicht jeder ist damit einverstanden und bereit, etwas daraus zu machen.«[3]

Wer Egoismus sagt, muss eigentlich auch Ayn Rand sagen, das hat Safranski leider versäumt. Sie ist eine Einzelne, wie sie im Buche steht. Eine Hohepriesterin des Individualismus.

Ayn wer?, fragt man sich – bisweilen gerade unter Intellektuellen – in Europa. In den USA kennt die Schriftstellerin und Philosophin Ayn Rand jeder, der sich auch nur ein bisschen mit der Literatur oder Politik des 20. Jahrhunderts beschäftigt hat. Dort gab es sogar Briefmarken, auf denen ihr Porträt prangt; bis heute verkaufen sich ihre Bücher millionenfach. Zu Rands prominentesten Anhängern zählen unter anderem der ehemalige Vorsitzende der US-Notenbank Alan Greenspan sowie der ehemalige US-Präsident Ronald Reagan. Sogar Brad Pitt und Angelina Jolie sollen Fans sein (und, viel wichtiger, Jim Carrey). Es ist Rands Individualismus und ihr Vertrauen in das schöpferische Unternehmertum, das sie auch und insbesondere im Tech-Himmel des Silicon Valley anschlussfähig macht; der Apple-Gründer Steve Jobs berief sich bereits auf sie, der deutschstämmige Investor und PayPal-Gründer Peter Thiel verehrt ihre Werke. »Schon allein dafür, dass sie die Einsicht hatte, dass die Siege des Menschen über die Natur niemals endgültig sind, stehen wir in ihrer Schuld«, schreibt er in einem Beitrag im »Philosophie-Magazin«.[4]

Wer also ist diese Freiheitsfanatikerin? Ayn Rand, geboren 1905 als Alissa Sinowjewna Rosenbaum im russischen Sankt Petersburg, war die älteste Tochter einer wohlhabenden jüdischen Familie. Als Jugendliche erfuhr sie die Unfreiheit des sozialistischen Regimes am eigenen Leib: Die Apotheke des Vaters wurde von den Bolschewiken geschlossen und die Familie enteignet, woraufhin Rand mit ihren Eltern und ihren beiden Schwestern auf die Krim floh. Doch auch dort waren sie vor den Bolschewiken nicht sicher. Zurück in Sankt Petersburg, fristete die ehemals wohlhabende Familie ein Leben des Hungers und der Entbehrung, dennoch schaffte es Alissa, dort Philosophie und Geschichte zu studieren. Ihre Erfahrungen mit dem Kommunismus sollten prägend für ihr Denken werden. Mit 22 Jahren schließlich kehrte sie ihrer Heimat den Rücken und wagte den Sprung in die Freiheit: Sie hatte ein Ausreisevisum für die USA erhalten. Zurückkehren würde sie nie wieder. Ihr Herz brannte für Amerika und dessen Werte.

Wie ernst sie es mit dem neuen Leben im *Land of the Free* meinte, veranschaulicht ihre Selbsttaufe auf amerikanischem Boden: Sie legte ihren russischen Namen ab und nannte sich fortan Ayn Rand. In einem Brief an einen Fan, datiert mit dem 30. Januar 1937, antwortet sie auf die Frage nach dem Ursprung ihres Namens, dass er gleichermaßen ein existierender Name wie eine Erfindung sei. Das Original sei ein weiblicher finnischer Vorname, ausgesprochen »I-na.« »Ich weiß nicht, wie er Englisch korrekt geschrieben würde, aber ich entschied mich, daraus ›Ayn‹ zu machen, also das ›a‹ am Ende zu streichen. Ich spreche ihn wie den Buchstaben ›I‹ aus, mit einem angefügten -n.«[5] Ein Name, ein Statement. Mehr *Ich* geht nicht.

Unter ihrem neuen Namen etablierte sich Rand zunächst in den Studios von Hollywood als Drehbuchautorin, heiratete einen Schauspieler und arbeitete nebenher an ihrem ersten Roman, der 1936 erschien. Er trägt den Titel »We the living« und erzählt vom Leben ihrer Familie nach der sozialistischen Revolution, von den Übeln des Kommunismus. Diese Geschichte der Entmündigung, der Leistungsfeindlichkeit und der Unterdrückung des Individuums sollte das einzige Buch Rands werden, das in (Sowjet-)Russland spielt, es sollte aber nicht das letzte bleiben, das sich um ihr Herzensthema dreht: das Individuum gegen den (totalitären) Staat, gegen das Kollektiv.

So richtig ging es mit Rands Karriere allerdings erst los, als sie 1943 ihren Roman »The Fountainhead« (zu deutsch: »Der Ursprung«) veröffentlichte: Dieses Buch machte Rand mit Ende dreißig berühmt. Sie erschuf darin den für sie idealen Menschen, verkörpert durch die Hauptfigur des Romans, den ebenso eigensinnigen wie genialen Architekten Howard Roark. Er ist nicht willens, auch nur eine Sekunde seines Lebens jemand anderem als sich selbst zu opfern. Als schöpferischer Geist und also produktive Kraft der Gesellschaft steht er parasitären Schmarotzern gegenüber, den von Rand sogenannten Second-Handers (zu deutsch: Zweithändern), die bloß vom Leben und Schaffen anderer profitieren. Im Roman soll Roark ein soziales Wohnprojekt konzipieren, was er unter einer Bedingung willens ist zu tun: An seinen Plänen darf nicht das Geringste verändert, es muss exakt nach seinem Willen erbaut werden. Doch das geschieht nicht, die Vereinbarung wird durch die Regierung gebrochen. Und so jagt Roark das Projekt in die Luft: alles oder nichts, keine Kompromisse. Er ist bereit, auf die Lorbeeren für das Projekt zu verzichten, weil es ihm nur um seine Vision geht. Das Plädoyer, das Roark zu seiner Verteidigung vor Gericht hält, ist nicht nur der Höhepunkt des Romans, sondern auch die Grundlage von Rands Ethik: Es ist ein Plädoyer für den rationalen Egoismus. »Seine Vision, seine Kraft und sein Mut kamen aus seinem Geist«, sagt Roark über das Wesen des Schöpfers. »Der Geist eines Menschen jedoch ist sein Selbst. Diese Entität, die sein Bewusstsein ist. Denken, Fühlen, Urteilen, Handeln sind Funktionen des Ego.«[6] Damit wird die eigene Existenz zum höchsten Wert, die entsprechendes Denken und Handeln anleitet – freilich ohne damit die Freiheit anderer zu beeinträchtigen.

Der Verstand, lässt Rand ihren Helden ausführen, sei ein Merkmal des Individuums. So etwas wie ein kollektives Gehirn oder einen kollektiven Gedanken gebe es nicht.[7]

Entlang dieser Argumentationslinie räumt Rand auch mit einem bereits erwähnten gängigen Missverständnis auf: »Man hat dem Menschen beigebracht, das Ego sei gleichbedeutend mit dem Bösen, und Selbstlosigkeit sei das Ideal der Tugend. Aber der Schöpfer ist Egoist im absoluten Sinne, und der selbstlose Mensch ist derjenige, der nicht denkt, nicht fühlt, nicht urteilt und nicht handelt. Denn dies sind Funktionen des Selbst (…) Er lebt nicht für andere, und er verlangt von anderen nicht, dass sie für ihn leben.«[8] Damit ist das erste Grundrecht des Menschen das Recht auf sein Ego, schreibt Rand in »Der Ursprung«. Und die erste Pflicht des Menschen ist die Pflicht gegen sich selbst.[9]

Es ist wenig überraschend, dass Rand als kalt, unerbittlich, arrogant oder im negativsten Sinne als selbstbezogen wahrgenommen wurde und wird. Doch Rand gab dem Wort Egoismus seinen ganz eigenen Sinn und erklärte sich diesbezüglich auch regelmäßig; jeder Versuch, diese ihre Definition zu entstellen, ist unredlich und ihres Werkes unwürdig. Egoistisch sein bedeutet für Rand in erster Linie, zu sich selbst zu stehen und also man selbst zu sein. Sie subsummiert unter »Egoismus« also nicht die Lizenz zu tun, was auch immer einem beliebt. Ein Individualist ist für sie kein Mensch, der auf Kosten anderer macht, was er will – vielmehr ist er einer, der die unveräußerlichen Rechte des Menschen anerkennt; sowohl seine eigenen als auch die der anderen. Diese unveräußerlichen Menschenrechte sind: Leben, Freiheit und das Streben nach Glück.

Ich kann mir vorstellen, dass Ayn Rand die simplen Gemüter belustigten, die von ihrer eigenen Voreingenommenheit am Blick über den Tellerrand gehindert werden.

Rand aber störte sich nicht daran anzuecken; relevant war für sie das Ich, nicht das Wir. Ihr Programm: Provokation im Dienste der Freiheit, die alles darf. Auf die Frage, warum sie das Wort Egoismus als Bezeichnung für eine tugendhafte Charaktereigenschaft benutze, antwortet Rand in der Einleitung von »Die Tugend des Egoismus«: »Aus demselben Grund, aus dem Sie davor Angst haben.«[10]

Und am 10. November 1938 schrieb sie in ihr Tagebuch: »Es ist furchtbar schlecht, sich bewusst zu machen, wie andere einen sehen (egal, ob sie dich als gut oder schlecht sehen). Nimm dich als selbstverständlich an.«[11]

Dieser radikale Fokus auf das Selbst ist schwer vermittelbar, wenn man von einem grundsätzlichen Gegensatz zwischen Egoismus und Altruismus in dem Sinne ausgeht, dass Ersteres als schlecht, Zweiteres hingegen als wünschenswert zu gelten hat. Rand will diesen Gegensatz nicht etwa auflösen, sondern vielmehr die Bedeutung dieser Begriffe umkehren, um sie, wie sie meint, richtigzustellen. Nicht das Leben für andere, sondern das individuelle Streben nach dem eigenen Glück gilt ihr als höchster Wert. Mit jeglicher Art von Moral, die in einer Opferhaltung mündet, will sie nichts zu tun haben. Wer sich von Altruisten (auch gerne Menschenfreunde genannt) einwickeln lässt, verliert letzten Endes seine Unabhängigkeit.

Unabhängigkeit ist denn auch der Kern dessen, worum es Rand geht, wonach sie strebt: in niemandes Abhängigkeit zu stehen, das eigene Leben selbst in die Hand zu nehmen. Dafür bedarf es keiner besonderen Anlagen, es ist kein Wettstreit, bei dem sich am Ende der Stärkste durchsetzt (noch so ein gängiges stupides Vorurteil über liberale

Positionen). Mit Ayn Rand ist jeder Mensch fähig, sich seiner Vernunft zu bedienen und also er selbst zu sein, unabhängig von seinen intellektuellen oder sonstigen Kapazitäten. Niemand ist gleicher als der andere, jeder Mensch hat qua Geburt dieselben Rechte, womit Rand ihre Philosophie in die Tradition der Gründungsväter der amerikanischen Demokratie stellt. Der Ausgangspunkt für die Organisation einer funktionierenden Gesellschaft innerhalb eines funktionierenden Staates kann immer nur die individuelle Freiheit sein, weshalb Rand zeitlebens versuchte, ihre Leser über die Falle, die der Altruismus bereithält, aufzuklären. Am eindrucksvollsten gelang ihr das in ihrem Hauptwerk, dem 1957 erschienenen Epos »Der Streik«.

An einem nicht näher definierten Schauplatz zu einem nicht konkret benannten Zeitpunkt in der Zukunft stehen sich die beiden großen gesellschaftspolitischen Extreme gegenüber: Umverteilungssozialismus auf der einen, *Laissez-faire*-Kapitalismus auf der anderen Seite. In Rands dunkler Vision kippt Amerika immer mehr in Richtung des Ersteren – und damit ins Verderben. Denn die zusehends frustrierte Wirtschaftselite des Landes verabschiedet sich nach und nach von der Welt; der mysteriöse John Galt führt sie nach Galt's Gulch, einen abgeschiedenen und geheimen Ort in den Bergen Colorados. Während die Unternehmer dort darauf warten, dass es zu einer Regierungsbildung kommt, die das Wesen freier Märkte anerkennt und wertschätzt, beginnt Amerika zu zerfallen: Der Strom wird rationiert, es gibt Bürgerkriege um Getreidefabriken, Hochöfen explodieren, Telefonkabel reißen.

»Der Streik« ist die in eine Dystopie verpackte Darlegung der Grundlagen von Ayn Rands radikaler Philosophie des »Objektivismus«, die ihren Hauptfeind zunächst im Kollektivismus und schließlich im Altruismus hat. Der Schule des Objektivismus zufolge existiert eine absolute Wahrheit, die vom Einzelnen anhand seiner Vernunft erkannt werden kann - und auch muss. Daraus ergibt sich, dass »der Handelnde immer der Nutznießer seiner Handlung sein muss und dass der Mensch nach seinem *rationalen* Eigeninteresse handeln muss«.[12] Alles hängt an der Vernunft und dem Verstand des Individuums, so interpretiert Rand auch Aristoteles, als dessen geistige Nachfolgerin sie sich sah. Keine falsche Unbescheidenheit. Kant hingegen war ihr verhasst, er galt ihr als gemeingefährlicher Wegbereiter des Totalitarismus. Denn anders als Rand sieht er den Menschen als fehlbares Wesen - die Wahrnehmung der Welt erfolgt laut ihm stets durch den subjektiven Bewusstseinsfilter des jeweiligen Individuums. Durchaus ein individualistisches Moment also, aber mit der Philosophie des Objektivismus nicht vereinbar. Wie sich das mit seinem Postulat von der Aufklärung als der »Ausgang des Menschen aus seiner selbstverschuldeten Unmündigkeit« verträgt, leuchtet Rand nicht ein. So schreibt sie in »Für den neuen Intellektuellen«: »Kants Moraltheorie passt genau auf die Art von Zombies, die ein solches Universum bevölkern würden: Sie bestand aus totaler, tiefster Selbstlosigkeit.«[13]

Solche Sätze sind für den europäischen Leser natürlich verwirrend, weil Rand in ihnen mit den traditionellen westlichen Moralvorstellungen bricht. »Das gesellschaftliche Grundprinzip der objektivistischen Ethik lautet, dass, so wie das Leben ein Selbstzweck ist, jeder lebende Mensch ein Selbstzweck und nicht das Mittel für die Zwecke oder das Wohlergehen anderer ist«[14], schreibt Rand. Es bedeute somit, dass der Mensch um seiner selbst willen leben müsse und weder sich selbst für andere noch andere für sich selbst opfere. Um seiner selbst willen leben bedeute, dass das eigene Glück der höchste moralische Zweck des Menschen sei.[15] Dieses Credo vom Recht, im Leben nach dem eigenen Glück zu suchen, wird für Rand von der Ethik des Altruismus untergraben. Diese lasse den Begriff eines selbstbewussten, eigenverantwortlichen Menschen nicht zu; eines Menschen, der sein Leben durch seine eigene Anstrengung unterhält und weder sich noch andere opfert.[16] Sich in die Rolle des Opfertieres zu begeben, bedeutet für Rand nicht weniger, als seine Selbstachtung zu zerstören und damit sein eigenes Bewusstsein abzulehnen.[17] Rand bestreitet indes nicht, dass Menschen einander unterstützen oder helfen können – für sie muss es aber letztlich immer eine Entscheidung des Individuums bleiben, wem es helfen will.

Diesem Gedankengang folgend ist der altruistische Sozialstaat für Rand ein Unding, sie plädiert für den Minimalstaat und *Laissez-faire*-Kapitalismus. Nur so könne sich die Kreativität jedes Einzelnen entfalten, ohne von der Mehrheit erdrückt zu werden: »Der Kapitalismus verlangt von jedem das Beste: seine Rationalität – und belohnt ihn entsprechend (…) Sein Erfolg hängt vom objektiven Wert seiner Arbeit und von der Rationalität derer ab, die diesen Wert erkennen«[18], schreibt Rand in »Für den neuen Intellektuellen«. In diesem Werk macht sie auch diejenigen aus, die den Kapitalismus verraten haben: die Intellektuellen (daher braucht es eben neue). »Wenn Amerika zugrunde geht, dann durch intellektuelle Unterlassung«[19], schreibt Rand. Dabei betrachtet sie Kapitalismus nicht rein als ökonomisches System, sondern ebenso als moralische Ordnung: Nur er ist in der Lage, so etwas wie Gerechtigkeit herzustellen.

Dass der Staat sich überhaupt in die Wirtschaft einmischt, lehnt Rand kategorisch ab. Hier zeigt sich sehr deutlich, wie wenig sie mit Ordo- oder Neoliberalen gemein hat, die ein gewisses Maß an staatlichen Eingriffen durchaus befürworten. Der einzig legitime moralische Zweck einer Regierung bestehe darin, die Rechte des Menschen vor körperlicher Gewalt zu schützen – das Recht auf Leben, auf Freiheit, auf Eigentum und auf das Streben nach Glück, schreibt Rand in »Die Tugend des Egoismus«[20]. Dieses Staatsverständnis erklärt, weshalb Rand in Europa so wenig bekannt ist: Ihr Denken passt schlicht nicht zu der europäischen Vorliebe für fette sozialstaatliche Gebilde. Und besonders wenig passt es zur deutschen Obrigkeitshörigkeit. Was für Deutsche der Staat ist, ist für Amerikaner die Freiheit, so könnte man es zugespitzt formulieren.

Es kann denn auch nicht verwundern, was man im Archiv deutscher Zeitungen so über Rand findet. »Ayn Rand – das ist Nietzsche für Anfänger und Amerikaner«[21], hieß es zum Beispiel in der »taz«. Ein Satz, der vor Herablassung und antiamerikanischen Ressentiments nur so trieft. Es ist aus deutscher Sicht natürlich sehr schlimm, dass jemand auf der Idee der Freiheit beharrt und sich damit gegen das kuschelige Nest von Vater Staat und für Wettbewerb und

Konkurrenz entscheidet. Wer es dazu noch versteht, komplexe Gedankengänge in – mehr oder weniger leicht verträgliche – popkulturelle und damit kommerziell ertragreiche Formen zu gießen, bedient zudem die kleine Schwester des Antiamerikanismus, den Antikapitalismus. Für mich liegt freilich unter anderem in ihrem kommerziellen Potenzial Rands Größe: Sie schafft es, ihre Gedankengänge in Geschichten zu verpacken, die allen – nicht nur philosophisch Bewanderten – zugänglich sind, sei es in Buchform oder auf der großen Leinwand (Rands Roman »Der Ursprung« etwa wurde mit Gary Cooper in der Hauptrolle verfilmt). Sie setzt nicht allein auf den Austausch im Elfenbeinturm, der sie ohnehin größtenteils ignoriert(e), sondern auf jeden Bürger als potenziellen Leser.

Einen Versuch, Rand ins richtige Licht zu rücken beziehungsweise den deutschen Lesern näherzubringen, unternahm jüngst der Philosoph Wolfram Eilenberger. In seinem großartigen Buch »Feuer der Freiheit« macht er sie neben Simone de Beauvoir, Hannah Arendt und Simone Weil zu einer seiner Heldinnen im Kampf für die Freiheit – eine düstere, freilich. Durch viele direkte Zitate aus ihren Briefen und ihrem Tagebuch kann man sich ein Bild davon machen, wie Rand privat tickte, und kommt nicht umhin festzustellen, dass der ihr bisweilen unterstellte Empathiemangel fehlgeht. Sie ließ sich bloß nicht einfach instrumentalisieren oder ausnutzen. Sei's drum, mir zumindest ist es egal, ob Rand eine angenehme Zeitgenossin war oder nicht, ich halte sie für eine große Denkerin, die hierzulande völlig zu Unrecht geschmäht wird. Und leider auch in den woken USA, so geschehen etwa in dem 2019 erschienenen Buch der Geschlechterforscherin Lisa Duggan: »Mean Girl – Ayn Rand and the Culture of Greed« heißt es, ein Titel, der den Schrecken vor Rands fehlender Kuschligkeit in Ausdrucksweise und Auftreten und vor ihrer Theorie ausdrückt. Am Ende des Buches wird empfohlen, Rand abzulehnen, weil zu gemein.[22] Ein Buch von und für *Mimimi*-Girls also. Allerdings: Was kann man schon erwarten, wenn eine antineoliberale Feministin wie Duggan über eine liberale Antifeministin schreibt.

Jemand, der sich mit platten Rand-Analysen nicht zufriedengibt, ist die Politikwissenschaftlerin Claudia Franziska Brühwiler. Vor kurzem erschien ihre Habilitation »Out of a Gray Fog«, in der sie erklärt, welches Bild man sich in Europa von Ayn Rand macht – und weshalb. Die Rand'sche Leserschaft sei in Europa wesentlich kleiner als in den USA, schreibt Brühwiler, und aus der geringen Verbreitung von Rands Gedanken folge logisch, dass sich europäische Intellektuelle und auch Politiker schon deshalb selten auf Rand beziehen, weil das immer weiterführender Erklärung bedürfe. Wegen ihrer geringen Bekanntheit in Europa sei es hier auch wahrscheinlicher, dass ihr Werk falsch dargestellt würde, und zwar nicht nur von denen, die ihre Ideen ablehnen, sondern auch von denen, die vorgeben, sie zu teilen – wie es etwa Politiker des politisch rechten Spektrums gelegentlich tun.[23] Viele, die Rand intensiver studiert hätten, würden erkennen, dass ihre Ideen nicht für Gier und Misanthropie stünden, so Brühwiler.[24]

Die Zuordnung Rands zur politischen Rechten ist denn auch in den USA eine, wenn nicht *die* Lieblingsausgrenzungstaktik ihrer Kritiker. Aber abgesehen davon, dass es lächerlich ist, Rand abzuschreiben, weil sie in den USA von Trump oder Vertretern der »Tea Party« hochgelobt wird (das schmälert ihre Ideen nicht im Geringsten, so etwas wie Kontaktschuld gibt es nicht): Es gibt für derlei Vereinnahmungen einfach keine ausreichende Grundlage. Dass die politische Rechte den starken Staat tendenziell ablehnt, wie Rand es tut, ist richtig. Doch damit enden die Gemeinsamkeiten auch schon, denn im amerikanischen Konservatismus spielten und spielen religiöse Traditionalisten eine wesentliche Rolle. Demgegenüber war Rand nicht nur erklärte Atheistin, sie sprach sich auch gegen jegliche Form des Nationalismus sowie gegen Rassismus aus – man sieht also: rechts und Rand, das passt nicht wirklich zusammen. Wenn die US-Historikerin Jennifer Burns in ihrer Rand-Biografie (»Goddess of the Market – Ayn Rand and the American Right«) schreibt, Rands Werk sei die »ultimative Einstiegsdroge für die politische Rechte«[25] in Amerika, möchte man doch hinzufügen: höchstens für den Teil, der nicht sinnerfassend lesen kann.

Nun ist es in unseren woken Zeiten so, dass oft nicht nur Brutalliberale als eher rechts gelten, sondern auch schon jene, die sich den kollektivistischen Ansätzen der feministischen oder (sogenannten) antirassistischen Bewegung entziehen. Das tut Rand natürlich – ich wiederhole mich, eine große Denkerin eben. Und genau an dieser Stelle zeigt sich, dass Rands Theorie ausgezeichnet für die identitätspolitischen Debatten der Jetztzeit fruchtbar gemacht werden kann. Bereits vor Jahrzehnten lieferte sie das perfekte Rüstzeug für eine genuin liberale Argumentationslinie in Abwehr kollektivistischer Identitätsvorstellungen.

So widmete sie dem Thema Rassismus in »Die Tugend des Egoismus« ein ganzes Kapitel, anhand dessen man sich in etwa ausmalen kann, was sie zum heutigen Diskurs zu sagen hätte. Rassismus sei die niedrigste, barbarischste und primitivste Form des Kollektivismus[26], schreibt Rand dort. Und sie lehnt jede Beurteilung einer Person, die nicht auf ihrem eigenen Charakter und ihren eigenen Handlungen beruht, strikt ab. Damit schließt sie den sogenannten »Antirassismus« als Mittel gegen Rassismus gleich aus und schlägt ein alternatives Gegengift vor: Individualismus. »Individualismus betrachtet den Menschen – jeden Menschen – als unabhängige, souveräne Einheit, die das von seiner Natur als rationales Wesen abgeleitete unveräußerliche Recht auf das eigene Leben besitzt.«[27] Eine Feststellung, so schlicht wie elegant. Erst wenn man ganz generell davon ablässt, einen Menschen aufgrund seiner äußeren Merkmale oder vermeintlichen Gruppenzugehörigkeit zu beurteilen, wird man ihm im Kern seines Wesens – als Individuum – gerecht. Das gilt für jede Form des Rassismus und damit auch für den, der sich unter dem Deckmantel des »Antirassismus« unter Zuhilfenahme von Phrasen wie »weiße Privilegien« oder »weiße Vorherrschaft« daran macht, dem Menschen sein Selbst abzusprechen und ihn qua Hautfarbe zum Opfer – oder eben zum Täter – zu degradieren.

Mit Rand gibt es zudem ein zweites Gegengift gegen Rassismus: den freien Markt. Dabei argumentiert sie ähnlich wie der liberale Ökonom Milton Friedman, mit dem sie ansonsten aufgrund seiner Kompromissbereitschaft in Sachen staatliche Markteingriffe wenig gemein hat. Friedman schreibt in seinem Buch »Kapitalismus und Freiheit«, dass ein Geschäftsmann oder Unternehmer, der bei seinen Unternehmungen Präferenzen zum Ausdruck bringe, die mit Wirtschaftlichkeit nichts zu tun haben, im Vergleich zu anderen, die dies nicht täten, benachteiligt sei.[28] »In einer Gesellschaft, die auf dem Grundsatz der freien Meinungsäußerung beruht, ist es für mich jedoch nur angebracht zu versuchen, sie davon zu überzeugen, dass ihr Geschmack schlecht ist und dass sie ihre Ansichten und ihr Benehmen ändern sollten, statt äußere Gewalt anzuwenden, um meine Einstellung und meinen Geschmack anderen aufzuzwingen«[29], so Friedman. Das würde Ayn Rand wohl genau so unterschreiben. »Rassismus ist eine böse, irrationale und moralisch verachtenswerte Idee«, schreibt sie, »aber Ideen können nicht per Gesetz verboten oder vorgeschrieben werden.«[30] Jeder Eingriff in die freie Meinungsäußerung muss in einer freien Gesellschaft immer die Ausnahme bleiben und sich letztlich auf strafrechtlich unzweifelhafte Tatbestände beschränken. Privater Rassismus, so führt Rand weiter aus, sei keine gesetzliche, sondern eine moralische Frage – und könne nur mit privaten Mitteln bekämpft werden, wie zum Beispiel mit ökonomischem Boykott oder sozialer Ächtung.[31]

Vor dem Hintergrund der aktuellen Debatten um antirassistisches Denken, vor dem Hintergrund der unzähligen »Gegen-Hass«-Gesetze erscheinen Rands Feststellungen also aktueller denn je – zum Stichwort Migrantenquote etwa möchte ich den sogenannten progressiven Kräften im politischen Berlin nur zu gerne Rands Ausführungen ans Herz legen: »Statt Rassismus zu bekämpfen, verlangen sie die Einführung von Rassenquoten. Statt für ›Farbenblindheit‹ in gesellschaftlichen und wirtschaftlichen Fragen zu kämpfen, proklamieren sie, dass ›Farbenblindheit‹ schlecht sei und dass ›Farbe‹ ein primäres Kriterium sein sollte. Statt für gleiche Rechte zu kämpfen, verlangen sie spezielle Rassenprivilegien.«[32]

Während zeitgenössischen Liberalen in Europa – Liberals in Amerika sind keine Liberalen – bisweilen eher daran gelegen ist, das Persönliche politisch zu machen, also den Selbstverwirklichungsspielraum des Einzelnen mithilfe des Staates (Stichwort Antidiskriminierungsgesetze) immer mehr auszuweiten, blieb Rand stets bei ihren Grundprinzipien: Je weniger Staat, desto besser. Eine komplexer werdende Gesellschaft bedeutet damit nicht automatisch, dass jeder Lebensbereich immer detaillierter geregelt werden müsste, im Gegenteil. Wenn man wie Rand davon ausgeht, dass die Rechte jedes Menschen nur durch physischen Zwang verletzt werden können, ergibt sich klarerweise, dass sie jegliche Art von Antidiskriminierungsgesetzgebung ablehnte. Zwar findet sie es richtig, jede Art behördlicher Diskriminierung zu verbieten: Der Staat habe kein Recht, Bürger zu diskriminieren, schreibt sie in »Die Tugend des Egoismus«. Nach dem gleichen Prinzip habe der Staat allerdings auch kein Recht, Bürger zu bevorzugen – also positiv zu diskriminieren.[33] Eine glasklare Absage an alle Quotenbefürworter, ob es sich nun um Frauen, Migranten oder andere vermeintlich benachteiligte Gruppen der Gesellschaft handelt.

Es zeigt sich: Ayn Rand ist ein Unikum. Sie machte nie einen Hehl daraus, dass sie eine weibliche, jüdische, mittellose Migrantin war, eine Tatsache, die ihr unter Identitätsbewegten einen Platz ganz oben in der Opferhierarchie eingebracht hätte. Doch Rand verachtete solchen identitätspolitischen Quatsch, was sich nicht zuletzt in ihren durchaus amüsanten Einlassungen zum Thema Feminismus zeigte. In einem erst 2005 posthum erschienenen Kompendium (»Ayn Rand Answers – The best of her Q&A«, ich möchte es jedem Ayn-Rand-Frischling sehr ans Herz legen) antwortete sie auf die Bitte, Feminismus zu kommentieren: »Ich bin zutiefst antifeministisch, weil es eine falsche Bewegung ist. (...) Sie will ›Unabhängigkeit‹ für Frauen – staatlich geförderte Unabhängigkeit, unterstützt durch Steuern. (...) Wenn Frauen gleich sein wollen – was sie natürlich potenziell sind –, dann sollten sie das aus eigener Kraft erreichen, nicht als bösartige, parasitäre Interessenvertretung.«[34] Und falls jemand dachte, Rand sei nur zynisch – oder eben *mean* –, irrt. Sie kann auch lustig sein, sehr sogar. So antwortet sie auf die Frage, ob sie etwas über die Freiheitsbewegung der Frauen sagen könne: »Ich bin die letzte Person, die Ihnen das geben kann. Ich bin ein männlicher Chauvinist.«[35]

Ihre dezidiert antifeministische Haltung tat ihrer klaren Befürwortung des Rechts jeder Frau, über ihren eigenen Körper zu bestimmen, keinen Abbruch. Denn Rand argumentiert auch in der Abtreibungsdebatte mit dem Recht des Individuums. Niemand – nicht der Staat, nicht die Gesellschaft und auch kein anderes Individuum – hat das Recht, einer Frau zu sagen, was sie mit ihrem Leben anzufangen hat. Ihre Einlassungen dazu lassen sich ebenfalls in besagtem Frage-Antwort-Buch nachlesen, und ich finde, dass man diese fantastische Antwort einfach im Original lesen muss: »The idea of some bitches – and I don't apologize for that – trying to prescribe to all other women what they should do with their lives is disgusting.«[36] Ayn Rand, mehr Eier – und dafür werde ich mich nicht entschuldigen – als alle selbst ernannten Feministinnen zusammen.

Mit ihrem Kommentar ist Rand übrigens erneut fruchtbar für die aktuelle Debatte. Anstatt sich darüber zu freuen, dass das »Werbeverbot« für Schwangerschaftsabbrüche durch Ärzte in Deutschland in diesem Jahr endlich fällt, muss man sich aus liberaler Perspektive eher fragen, was die Abtreibung überhaupt im Strafgesetzbuch zu suchen hat. Schon die »Mein Bauch gehört mir«-Bewegung in den 1970er-Jahren stritt für das Selbstbestimmungsrecht der Frau – und damit nolens volens für das Konzept des libertären Selbsteigentums. Eine Schwangerschaft ist keine öffentliche Angelegenheit, und dass man das im 21. Jahrhundert überhaupt noch betonen muss, empfinde ich als bodenlose Frechheit. Der Körper der Frau unterliegt nicht der Verfügungsgewalt des Staates.

Nun könnte man geneigt sein, Ayn Rand politisch dem libertären Spektrum zuzuordnen, weil sie strikt für den Minimalstaat streitet und individuelle Freiheit zum höchsten politischen Wert erhebt. Tatsächlich wurden und werden ihre Ideen gerne von Libertären in Beschlag genommen. Rand aber war eher angewidert ob der Tatsache, dass viele Libertäre ihre Gedanken stahlen, um sie für ihre Zwecke nutzbar zu machen. Denn anders als Anarcho-Libertäre beziehungsweise -Kapitalisten lehnt Rand den Staat und damit Recht und Gesetz nicht per se ab, im Gegenteil: Kapitalismus könne so überhaupt erst funktionieren, er bedürfe objektiver Regeln.[37] Sie fragt also – anders als bekannte Libertäre wie Robert Nozick – nicht grundsätzlich danach, *ob* es den Staat braucht, sondern vielmehr, *wie* dieser zu funktionieren habe, um jedem Individuum zu seinem Recht zu verhelfen. Den Schaden, den Anarcho-Libertäre dem Begriff des Kapitalismus zufügten, verzieh Rand ihnen nicht. Es machte sie in ihren Augen zur »schlimmsten politischen Gruppe«.[38] Gerade in den USA sind Libertäre durchaus auf Rands Linie – doch sie wollte stets ihre eigene Denkschule aufrechterhalten.

Wenn man sich also etwas länger als fünf Minuten mit Ayn Rands Schaffen auseinandersetzt – was ich nur sehr empfehlen kann –, merkt man schnell: Sie ist eine Liberale, die sich weder von Rechten oder von Anarcho-Libertären vereinnahmen noch vom Zeitgeist verbiegen lässt.

Es liegt auf der Hand, weshalb es in einem Land wie Deutschland, in dem es eine Unverschämtheit ist, *Ich* zu sagen, mit den Gedanken einer Ayn Rand nicht sehr weit her ist. Um es mit Howard Roarks Gegenspieler und Erzfeind aus Rands Epos »Der Ursprung«, dem Architekturkritiker und Soziologen Ellsworth M. Toohey, zu sagen, der die kollektivistische Gesellschaft plant: »Bringe sie dahin, dass zu sagen ›Ich will‹ kein natürliches Recht mehr ist, sondern ein peinliches Geständnis.«[39] Ein Satz, der sich eins zu eins auf die geistige Verfassung der Bundesrepublik übertragen ließe. Nicht nur deshalb denke ich, dass dem Land eine Prise Ayn Rand durchaus guttäte. Denn am Ende liegt die Rand'sche Magie darin, dass sie den Leser zwingt, das zu tun, was nicht einmal mehr politische Parteien zustande bringen, die sich liberal nennen: Gegebenheiten – wie insbesondere überbordende staatliche Tätigkeit oder kollektivistische Tendenzen – zu hinterfragen. Nicht jeder ist radikal wie sie, nicht jeder muss es sein. Doch genau an Persönlichkeiten wie der ihren gewinnt die liberale Demokratie, weil sie unablässig an den Wert der individuellen Freiheit erinnern. Jede politische Entscheidung muss sich an diesem Wert messen lassen, muss ihm gerecht werden. Was vielen zur Selbstverständlichkeit wurde, gilt es immer wieder aufs Neue zu verteidigen – wenn auch nur durch Einzelne: die *Avengers* der Freiheit.

Rand war allerdings nicht so naiv zu glauben, dass der Zeitpunkt für eine freie Gesellschaft, wie sie ihr vorschwebte, auch nur annähernd in greifbarer Nähe wäre. Das Traurige ist, dass auch vierzig Jahre nach ihrem Tod die Dinge noch so liegen, dass ihre Einschätzung nichts an Wahrheit verloren hat.

Freie Radikale, oder:

Vom (Un-)Sinn einer liberalen Partei

In Deutschland liberal zu sein ist ein bisschen, wie im Prenzlauer Berg Fleisch zu essen. Schmeckt gut, ist aber wenig bekömmlich, was die damit einhergehenden sozialen Interaktionen anbelangt. Nicht, dass ich vorhätte, mich den Soja-Matcha-Latte schlürfenden Prenzlauer-Berg-Mamis der Leopolds und Emmas anzuschließen, schließlich mag ich weder Soja noch Matcha noch Kinder. Aber auch außerhalb dieser boboesken Kiezidylle der Hauptstadt regt sich in Deutschland kaum freiheitlich denkendes Leben. Natürlich habe ich schon vor meinem Umzug nach Berlin viel von der deutschen Verbots- und Staatsliebe gehört, also davon, dass Deutsche Regeln sehr gerne haben und im Zweifel obrigkeitlicher Bevormundung allein der lieben Ordnung wegen das Wort reden. Die *ewigen Spießer* eben. Doch das Ausmaß dieser Freiheitsabneigung muss man tatsächlich mit eigenen Augen gesehen haben, damit man es glaubt, und das sagt eine Österreicherin. Ist ja nicht so, dass meine Landsleute große Freiheitshelden wären.

»Ich will Verbote!«[1], »Mehr Verbote, bitte!«[2], »Bitte,

bitte mehr Verbote!«[3] und »Verbote für ein gutes Leben«[4] – das sind keine von mir erdachten Überzeichnungen, sondern ernst gemeinte Titel von Artikeln in der Wochenzeitung »Die Zeit«, allesamt in den vergangenen Jahren erschienen. Unter der ersten Überschrift bettelt der Autor förmlich darum, dass ihm jemand auf die Finger klopft: In einer Welt mit vielen Verboten müssten wir uns keine Gedanken mehr darüber machen, schreibt er, ob das, was wir tun, der Umwelt oder unseren Mitmenschen schade. »Kein schlechtes Gewissen ertragen, wenn ein Fahrradfahrer mit Jutebeutel an uns vorbeiradelt. Wir wären plötzlich viel freier.«[5] Wieder einmal sollen hier Verbote als Freiheit verkauft werden, schöner hätten es auch die Grünen nicht formulieren können. Und wenn man denkt, mehr Selbsterniedrigung geht nicht, macht sich der Autor gegen Ende seines Textes auch noch an die Infantilisierung seiner selbst: »In Wirklichkeit sehne ich, sehnen wir uns nach dem Mann, der im Supermarkt neben uns tritt und sagt: Plastiksalat mit Plastikgabel? Das stellen Sie mal schön wieder ins Regal. Und dann schaut er uns sehr böse an.«[6] Kann man eigentlich nicht erfinden.

Das sind nur Artikel in einer Zeitung (die man aber auch in der »taz« findet, dort heißt es dann eben »Mehr Verbote, bitte«[7]), und nicht jeder Deutsche ist so wenig Herr seiner selbst, dass er es nicht schafft, sich gegen den Plastiklöffel zu entscheiden, wenn er es denn will. Aber das Beispiel zeigt, dass die moralinsaure Wohlfühl-Klimaretterblase sich ausgezeichnet darauf versteht, an ureigene deutsche Tugenden anzuknüpfen. Verbote werden die Welt retten, ganz bestimmt. Intellektueller Schmalspurfatalismus, der nicht nur geistig darauf abzielt, die Gesellschaft in die Steinzeit zurückzukatapultieren. Nun könnte man meinen, dass die Pandemie, die die Welt und damit auch Deutschland in den vergangenen Jahren plagte, endlich Schluss gemacht hätte mit Verbotsgelüsten, gab es doch Verbote noch und nöcher: Von Maskenpflicht bis Ausgangsbeschränkungen, die Grundrechtseinschnitte waren beispiellos. Aber nein: Eine Mehrheit der deutschen Bürger fand die Einschränkungen ihrer Freiheitsrechte im Kampf gegen Corona nicht nur richtig, sondern wünschte sich sogar mehr davon. Die Angst ließ sie eher nach autoritären Gestalten wie dem bayerischen Ministerpräsidenten und Sonnenkönig Markus Söder als nach Eigenverantwortung und Selbstbestimmung rufen. Und die parlamentarische Vertretung der liberalen Idee, die liberale Partei? Sie blieb in der Deckung. Dabei ist es naturgemäß gerade als Oppositionspartei ein Leichtes, die Regierung zu kritisieren, und die teilweise unverhältnismäßigen, zuweilen sogar maßlosen Coronamaßnahmen boten dafür jede erdenkliche Möglichkeit. Doch viel Zeit musste vergehen, bis sich die FDP endlich als Hüterin der Freiheit auch in Coronazeiten hervortat, und nicht einmal dann wagte sie sich weit aus dem antiliberalen parlamentarischen Konsens hervor: Zwar forderte sie ein Ende der sogenannten pandemischen Lage von nationaler Tragweite, warnte vor Überschuldung ob der finanzpolitischen Gießkanne der Großen Koalition und drängte auf niedrigere Steuern für Unternehmen; dennoch blieb die Partei bis auf vereinzelte Stimmen blass. Zu wenig, zu spät.

Immerhin: Im Wahlkampf vor der Bundestagswahl im

Jahr 2021 drehte man ein wenig auf. Eine Impfpflicht werde es mit der FDP nicht geben, hörte man da, Ungeimpfte dürften nicht diskriminiert werden; außerdem wurde ein »Freedomday« als Markierung des Endes aller Coronamaßnahmen versprochen. »Wir respektieren die persönliche Entscheidung jeder und jedes Einzelnen, weil wir darin die Grundlage für die Freiheit der Menschen erkennen«[8], las man im Wahlprogramm, das passenderweise mit »Nie gab es mehr zu tun« betitelt war. Na endlich, der freiheitliche Dornröschenschlaf schien beendet – und die Partei wurde dafür belohnt: Bei der Wahl kam sie auf 11,5 Prozent.[9] Viele Bürger, so kann man vermuten, hatten die Nase gestrichen voll von der Bundesregierung und der coronaindizierten Patronage, die sie ausübte.

Dass das Land eine liberale Partei braucht und haben möchte, sah man auch daran, dass sich bei dieser letzten Bundestagswahl 23 Prozent der Erstwähler dafür entschieden, ihr Kreuz bei der FDP zu setzen[10]. Nun mag ein Grund dafür gewesen sein, dass junge Menschen nach zwei Jahren Coronapandemie ihr Leben und also ihre Freiheit zurückhaben wollten und die FDP sich als einzige ernst zu nehmende Vertretung dieses Zieles anbot. Trotzdem zeigt das Wahlergebnis, dass nicht alle jungen Menschen willens sind, sich den wohlstandsverwahrlosten Neomarxisten der Fridays for Future und also den Grünen anzuschließen. Das ist eine erbauliche Nachricht. Die FDP könnte daraus eigentlich Kraft schöpfen, bloß: Sie tut es nicht.

Stattdessen geschah, was oft geschieht, wenn Politiker Machtluft schnuppern: Die Spreu trennt sich vom Weizen, die Schönwetterliberalen von den Prinzipientreuen. Man konnte das an Christian Lindner bestens beobachten: Völlig ohne Not erklärte er Ende des Jahres 2021 plötzlich, er »tendiere zu einer allgemeinen Impfpflicht«[11], wo er sie doch bislang vehement abgelehnt hatte. Um es vorwegzusagen: Ich halte FDP-Chef Christian Lindner für einen klugen Kopf, und Pragmatismus ist sicher eine seiner Stärken. Die One-Man-Show, die er ist und die ihm von denen, die sich Intelligenz nur im Schwarm vorstellen können, des Öfteren vorgeworfen wird, empfinde ich mit meiner Schwäche für *Einzelne* als angenehm eigenwillig. Umso mehr lässt mich sein Umfallen beim Thema Impfpflicht schaudern. Einen so schwerwiegenden Verrat freiheitlicher Kernprinzipien hätte ich ihm nicht zugetraut. Der Verweis auf die politische Tugend des Pragmatismus taugt hier nicht zu seiner Rechtfertigung. Manche Bereiche menschlicher Freiheit sollten für Liberale niemals – auch nicht in einer Koalition mit Grün und Rot – zur Disposition stehen, und einer davon ist die körperliche Integrität, die Entscheidungshoheit jedes Einzelnen über seinen eigenen Körper.

Wolfgang Kubicki, der unverwüstliche Freiheitsrabauke und Bundestagsvizepräsident, sieht das genauso. Mit Pauken und Trompeten wetterte er gegen die Impfpflicht und verteidigte die Freiheit der Ungeimpften. »In der Pandemie dürfen wir mitansehen, dass die Würde des Menschen offenbar doch relativierbar ist«, schrieb er Ende 2021 in einem Gastbeitrag für die »Welt«. Minderheitenschutz sei eine der großen Errungenschaften des Rechtsstaats. Dass die Mitgliedschaft in einer angeblich »falschen« Minderheit nun dieses Recht obsolet werden lassen solle, sei beängstigend.[12] Gedankt haben ihm seinen Einsatz für die

Freiheit in der Partei indes wenige. In der Außenwahrnehmung ist er eher ein Alien in der FDP, weil er unangepasst ist. Aber ist denn nicht genau das der Witz der Sache, also der Freiheit: dass sie sich nicht anpasst?

Zumindest in Teilen der FDP sieht man das offensichtlich anders, und zwar nicht nur, was die Pandemie angeht. Es ist ein Markenzeichen der Liberalen, nicht nur in wirtschaftlichen, sondern auch in gesellschaftspolitischen Angelegenheiten für die Freiheit einzustehen. Doch nicht jeder zeitgeistige Trend, der unter dem Stichwort der »Befreiung« läuft, ist liberal, nicht alles, was sich progressiv nennt, beinhaltet wirklichen Fortschritt. Einige in der FDP wissen das, darunter die von Christian Lindner unschön geschasste ehemalige Generalsekretärin Linda Teuteberg. Sie hat den Kulturkampf (westliche Werte versus identitätsfixierte Aktivisten) nicht nur erkannt, sondern ist auch bereit, ihn regelmäßig auszufechten. »Man kann sich für den Abbau realer Diskriminierung einsetzen, ohne sich mit gewalttätigen Bewegungen gemein zu machen und ohne einer sortierten und quotierten Gesellschaft das Wort zu reden«, sagte sie in einem Interview mit der »Neuen Zürcher Zeitung«. Menschen in unentrinnbare Gruppenzugehörigkeiten einzuteilen, sodass sich ständig nur Opfer und Privilegierte gegenüberstünden, sei eine zutiefst illiberale Methode.[13] Zwar spricht sich die FDP nach wie vor gegen jegliche Art der Quotenregelung aus – sollte das jemals fallen, müsste man das F endgültig aus dem Parteinamen streichen –, viele andere identitätspolitische Gedankenspielereien ist man aber durchaus willens mitzumachen.

Wenn man etwa im Koalitionsvertrag der Ampel liest, dass »die Gleichstellung von Frauen und Männern in diesem Jahrzehnt erreicht werden« muss, dass die »ressortübergreifende Gleichstellungsstrategie des Bundes« weiterentwickelt werden soll (»u. a. mit einem Gleichstellungs-Check künftiger Gesetze und Maßnahmen«), dass man sich außerdem »in der EU und international für eine intersektionale Gleichstellungspolitik« einsetzen wolle (Hallo, Lehre der Opferhierachie)[14] – dann fragt man sich schon, wie stark die Schmerzen der wenigen wirklich Liberalen beim Unterschreiben dieses Papiers waren und wie sie es mit sich vereinbaren können, dem kollektivistischen Politikansatz der Gleichstellung das Wort zu reden. Es steht außer Frage, dass jeder Koalitionspartner Kompromisse eingehen muss, und es soll nicht unerwähnt bleiben, dass die FDP sich in einigen Bereichen (wie etwa dem Nein zum Tempolimit, wunderbar) durchsetzen konnte. Die Frage ist nur, wo man die Grenze zieht. Sobald es an liberale Kernwerte wie Individualismus und Leistungsprinzip geht, ist sie meiner Meinung nach erreicht. Liberale Offenheit beinhaltet nicht, offen für die Abschaffung der Freiheit zu sein. Ich halte es an dieser Stelle wie so oft mit dem Volkswirt Roland Baader: »Die schlimmsten Feinde der Freiheit sind deshalb nicht ihre erklärten Gegner, sondern die vielen Lauen und Laschen unter ihren angeblichen Freunden, die Gleichgültigen und Bequemen, die Gutmütigen und Gutgläubigen, sowie die Vulgärpoeten mit ihren Parolen, dass es ›sooo schlimm ja nicht sei‹ oder dass man nicht ›immer alles so negativ sehen‹ sollte. Diese nützlichen Idioten der Knechtschaft würden auch einem Menschen, der von Kannibalen gekocht werden soll, erklären, er möge sich beruhigen, weil ›nichts so heiß gegessen wie gekocht‹ werde.«[15]

Es nerve sie, dass die Partei von außen oder auch von innen in Wirtschaftsliberale, Sozialliberale oder gar böse Linksliberale gespalten werde, sagte die Vorsitzende des Verteidigungsausschusses des Bundestages, Marie-Agnes Strack-Zimmermann, auf dem FDP-Parteitag 2020. All diese Begriffe bedingten einander, gehörten zusammen.[16] Hier würde ich gerne und ausdrücklich widersprechen. Nein, das tun sie nicht. Allein das Wort »linkslilberal« beschreibt eine Unmöglichkeit – wer liberal ist, ist nicht links, und wer links ist, ist nicht liberal. Denn Linkssein setzt notwendig voraus, Menschen in bestimmte Gruppen (etwa »Unterdrückte« versus »Ausbeuter«) zu sortieren, was dem Gedanken der Individualität grundlegend widerspricht. Durch Umverteilung soll »Gerechtigkeit« (vulgo Gleichstellung) erreicht werden, die aus diesem Blickwinkel durch individuelle Initiative permanent gestört wird. Sogenannter Linksliberalismus hat also nichts mit Meinungspluralismus innerhalb der FDP zu tun, für diese politischen Positionen gibt es eben andere Parteien, und das ist gut so. Niemand braucht gelbe Sozialdemokraten.

Strack-Zimmermanns Einlassung klingt fast schon ein bisschen nach dem Sound des ehemaligen FDP-Innenministers Gerhart Baum, der (sei Dank) in der Partei zwar keine Rolle mehr spielt, aber nach wie vor als liberales Urgestein durch die deutschen Talkshows gereicht wird. Mit »Die Liberalen müssen ihr Misstrauen gegenüber staatlichen Eingriffen überwinden«[17] war Anfang des Jahres ein Gastbeitrag von Baum im »Handelsblatt« betitelt, und während sich das liberale Herz schon bei dieser Überschrift zusammenzieht, ist man beim Weiterlesen froh, dass sich die Gruppenbeschimpfung »alte weiße Männer« auch unter FDP-Parteimitgliedern so nicht halten lässt. Es gibt die angenehm unangenehmen, wie Kubicki, und es gibt die anderen. An dieser Stelle fällt auf, wie sehr der ehemalige deutsche Außenminister der FDP, Guido Westerwelle, fehlt. Seit ich neulich wieder einmal in seinem Buch »Neuland« blätterte, bin ich mir ziemlich sicher, welche Art alter weißer Mann er geworden wäre. Die liberale Bürgergesellschaft, liest man da, bestehe nicht aus deutschen Micheln, sondern aus freien Bürgern. Freie Bürger, denen man nicht vorschreiben müsse, was sie zu tun oder zu lassen hätten, sondern denen man die Fähigkeit zutraue, über sich selbst am besten zu bestimmen.[18] Ob man wohl Gerhart Baum ein Exemplar zukommen lassen könnte?

Und damit noch einmal zurück zur Impfpflicht-Debatte, da sie einem die Erosion liberalen Gedankenguts innerhalb der FDP so schmerzlich bewusst macht. Die Befürwortung einer Impfpflicht durch einen liberalen Parteichef ist fatal, doch auch Äußerungen anderer Parteimitglieder schlugen (plötzlich?) in dieselbe illiberale Kerbe. Als der Bundestag im Dezember 2021 eine Verschärfung des Infektionsschutzgesetzes unter anderem mit einer Impfpflicht für Beschäftigte im Gesundheitswesen diskutierte, fiel vor allem die Rede der gesundheitspolitischen Sprecherin der FDP, Christine Aschenberg-Dugnus, auf. Sie begründete ihre Zustimmung damit, dass die einrichtungsbezogene Impfpflicht der »Gesamt-Freiheitsbilanz« einen positiven Effekt gebe, nämlich den, dass man die Gefährdung der vulnerablen Gruppen endlich in den Griff bekäme.[19] Was genau das sein soll, eine »Gesamt-Freiheitsbilanz«, muss man sich an dieser Stelle fragen. Wägt hier allen Ernstes eine selbst ernannte Verteidigerin liberaler Werte die Freiheit einer Gruppe gegen die andere auf, um Zwangsmaßnahmen zu rechtfertigen? Weit weg vom grünen »Verbote sind Freiheit«-Singsang ist das nicht. Wie trostlos.

Aschenberg-Dugnus wurde der Weg zur antiliberalen Rhetorik abermals von FDP-Chef Lindner geebnet, der zuvor in Interviews mit der »FAZ« und der »Süddeutschen Zeitung« von der »staatlichen Verantwortungsgemeinschaft«[20] und von »in Verantwortung gebundener Freiheit«[21] sprach. Solche Worte würde man von den Etatisten, mit denen sich Lindner in eine Koalition begeben hat – Grüne und SPD –, erwarten; für einen Liberalen verbieten sie sich, denn für einen Liberalen steht an erster Stelle das Recht des Individuums, nicht das Recht einer wie auch immer bezeichneten »Gemeinschaft«. Freiheit ist nicht gebunden, durch nichts und niemanden, auch nicht durch Verantwortung, deren Ausmaß dieser Auffassung nach offenbar auch noch von jemand anderem (dem Staat? der Gesellschaft?) definiert würde. Ich sage nicht, dass die Pandemie ohne Freiheitsbeschränkungen zu bewältigen gewesen wäre. Aber Freiheitsbeschränkungen müssen als solche benannt werden. Statt das zu tun, waren die Freien Demokraten bereit, den Begriff der Freiheit bis zur Unkenntlichkeit zu entstellen, um ihr eigenes Handeln zu rechtfertigen. Sie, die als einzige Partei Deutschlands die Freiheit im Namen tragen.

Das waren noch Zeiten, als Lindner 2017 mit einem phänomenalen Satz die Jamaika-Koalitionsverhandlungen mit der Union und den Grünen sprengte: »Es ist besser, nicht zu regieren, als falsch zu regieren.«[22] Vielleicht ist seine damalige Entscheidung der größte Dienst, den er der Freiheit je geleistet hat. Anstatt sich zu verbiegen und mit jedem Mittel mitzuregieren, nahm die FDP freiwillig auf der Oppositionsbank Platz, dafür gebührt ihr Respekt. Freilich hob dieser Akt auch die Messlatte der Erwartungen: Würde Lindner seine Nichtanbiederung wiederholen, wenn er erneut in die Regierungsverhandlungsverantwortung käme? Könnte er es sich leisten, ein weiteres Mal abzuwinken, ohne zu viele Wähler (und politische Beobachter) zu vergraulen? Geschichte wiederholt sich nicht, also nein, und was wir davon haben, sehen wir nun: freiheitsapartes Ampelgeblinke. Hierfür können sich auch die deutschen Medien auf die Schulter klopfen, predigten sie doch jahrelang, es sei der große Fehler der FDP gewesen, keine Jamaika-Koalition einzugehen. Nur, weil man etwas oft genug wiederholt, wird es deswegen nicht wahr; doch der Vorwurf der Schmach saß bei vielen in der FDP tief, man wollte nun also unbedingt mitregieren. Oder mit*gestalten*, wie man so schön sagt, wenn man vertuschen möchte, dass man bereit ist, sich ins Politsystem einzugliedern.

Halten wir fest: Es sind nicht unbedingt schwere Zeiten für eine liberale Partei, wenn man als Parteimitglied nur wendig genug in seinen Überzeugungen ist (ein Rückgrat wie ein Gartenschlauch, hat einst ein sehr schlauer Mann über so manchen Politiker angemerkt). Es sind aber, gerade wegen der Wendigkeit der liberalen Partei, unerträgliche Zeiten für Liberale. Das Hickhack um eine Impfpflicht offenbart unabhängig davon, wie es in Zukunft mit der Coronapandemie (oder einer anderen) weitergeht, Grundsätzliches. Einen – aus liberaler Perspektive – Fehler im System. Denn die Parteiendemokratie ist als Interessenvertretung konzipiert. Jeder wählt den, von dem er sich erhofft, dass er seine Interessen vertritt und für ihn und seinesgleichen das Beste aus dem Möglichen herausholt. Das wiederum setzt ein Perpetuum mobile in Gang: Die einen wählen, um verlangen zu können, die anderen wollen gewählt werden, also geben sie, was verlangt wird. Das Geben potenziert sich zwangsläufig, aus Gesetzen und Regeln werden immer mehr Gesetze und Regeln und aus Viel-Geld-Ausgeben wird Noch-viel-mehr-Geld-Ausgeben. Anders ausgedrückt: Es wird beständig mehr Staat – und damit das Gegenteil der liberalen Agenda Wirklichkeit.

Es kommt ein zweites Problem hinzu: Anders als alle anderen Parteien kann eine liberale Partei, kann die FDP nicht die Interessenvertretung einer Gruppe sein. Denn sie wollte und will für die Freiheit einstehen, und zwar für die Freiheit des *Einzelnen*, so jedenfalls das Credo. Dass sich von dieser Botschaft gegenwärtig besonders Anwälte, Apotheker und Ärzte angezogen fühlen, mag daran liegen, dass sie den überbordend regulierenden Staat nicht länger ertragen, wer kann es ihnen verdenken. Wem schon einmal die Hälfte seines Monatseinkommens durch Steuern geraubt wurde, der wird nicht widersprechen.

Doch die gemeinsamen Interessen dieser bürgerlichen Wählerschaft können das Programm der FDP nicht inhaltlich bestimmen, denn eine Partei, die Klientelpolitik macht, ist keine liberale Partei. Die Minderheit, für die sie einzustehen hat, ist immer, muss immer die kleinste sein:

das Individuum. Und zwar ganz gleich, ob es sich dabei um die alleinerziehende Putzkraft oder um die wohlhabende Chirurgin handelt. Wer liberal ist, und also auch dementsprechend wählen will, tut dies aus einer Geisteshaltung heraus und nicht, weil er sich dadurch einem Kollektiv zuordnet oder erwartet, mit einem Mehr an für ihn vorteilhaften Regeln versorgt zu werden. Wer auf sich selbst, seine Eigenverantwortung, Selbstbestimmung und auch auf seine Leistung setzt, braucht keine Lobby, sondern jemanden, der ihm eine übergriffige Lobby vom Leib hält.

Liberale Politik ist also gewissermaßen ein Widerspruch in sich. Und deshalb steht eine liberale Partei grundsätzlich in Frontstellung zu allen anderen Parteien. Sie ist zwangsläufig anders konzipiert, weil sie Politik anders denkt. Wenn man als Liberaler davon ausgeht, dass die beste Politik darin besteht, so wenig staatliches Handeln zu haben wie möglich – also im besten Fall keines oder kein Erkennbares –, erklärt sich von selbst, dass es eine liberale Partei wie die FDP eigentlich gar nicht geben dürfte. Jede liberale Partei arbeitet im Grunde an ihrer Abschaffung. Oder, um es mit Roland Baader zu sagen: »Das einzig legitime Parteiprogramm würde lauten: ›Wir sind angetreten, die Politik und alle Parteien abzuschaffen – inklusive unserer eigenen.‹«[23] Da es aber staatliches Handeln im Übermaß gibt, gibt es auch die Freien Demokraten, und das ist gut so, sofern sie sich darum bemühen, den Bürgern den weitesten Spielraum für die selbstbestimmte Gestaltung ihres Lebens zu gewährleisten. Insoweit sie als Partei allerdings ein Rad im Getriebe des Staates sind, sind sie im strengen Sinn ebenso wenig liberal wie andere Parteien.

Die Freien Demokraten mögen also demokratisch sein, frei sind sie nicht. Klingt traurig, ist es auch, zumal in einem Land, das kurz vor der Anerkennung von Freiheitsskeptizismus als zivilreligiöser Geisteskampfsportart steht. »Der Hass gegen den Liberalismus ist das Einzige, in dem sich die Deutschen einig sind«[24], meinte der Wirtschaftswissenschaftler Ludwig von Mises schon 1927 – wie treffend. Dafür kann freilich die FDP nichts, doch sie könnte vielleicht etwas daran ändern. Dass die Deutschen mit der Freiheit fremdeln, ist jedenfalls keine akzeptable Erklärung dafür, dass die Freien Demokraten die meiste Zeit auf Hasenfüßen unterwegs sind. Im Gegenteil, es sollte ihnen vielmehr ein Ansporn sein. Denn als Teil des Staatsapparates kann die FDP sehr wohl etwas ausrichten. Das System von innen sprengen, zum Beispiel. Und zwar mit Freiheit. Ich erwarte nicht, dass sich jeder FDP-Politiker »Freiheit oder Tod« (von Jean-Baptiste Regnault) auf den Unterarm stechen lässt (sieht allerdings wirklich super aus, ich habe es ausprobiert), *my body my choice* gilt schließlich auch für Tätowierungen. Doch die allgegenwärtige Bloß-nicht-anecken-Attitüde passt einfach nicht zu dem, was Freiheit nun einmal ist: mutig. Es war der große Liberale Friedrich August von Hayek, der in einem 1949 veröffentlichten Vortrag meinte, liberale Intellektuelle müssten wieder Mut zur Utopie fassen. Woran es mangele, sei ein »liberaler Radikalismus«, der weder die Empfindlichkeiten der bestehenden Interessengruppen schone noch glaube, so »praktisch« sein zu müssen, dass er sich auf Dinge beschränkt, die heute politisch möglich erscheinen.[25]

Der Drang zur politischen Mitte ist ein solches Zeichen

von Mutlosigkeit. Welche absurden Züge das bisweilen annimmt, konnte man kurz nach der letzten Bundestagswahl beobachten, als es um die Sitzordnung des neuen Bundestages ging. 70 Jahre lang saß die FDP im Bundestag am rechten Rand, damit sollte Schluss sein, fanden die liberalen Parlamentarier, es wurde heftig debattiert. Die neue Ampelkoalition setzte sich letztlich durch und änderte die Sitzordnung, von nun an muss die Union neben der AfD Platz nehmen. Bereits im Oktober des vergangenen Jahres war die geänderte Sitzordnung von der FDP-Fraktion ins Spiel gebracht worden: »Die FDP ist die Mitte-Mitte-Partei, und deshalb würden wir gern auch in der Mitte sitzen«[26], argumentierte der ehemalige Fraktionsgeschäftsführer und jetzige Justizminister Marco Buschmann damals. Ein Kindergarten voller Anzugträger oder: Wofür man sein Steuergeld am liebsten verwendet weiß. Da ich als österreichische Staatsbürgerin hierzulande aus guten Gründen gar nicht wählen darf, aber Steuern zahle, ist es für mich noch ein bisschen absurder: Ich bezahle in diesem Fall keine Volksvertretung (mich vertritt niemand), sondern nur einen Kindergarten. Und wie gern ich Kinder mag, habe ich ja schon verraten.

»Die richtige Richtung: Durch die Mitte nach vorne«[27] las man im letzten Wahlprogramm der FDP. Und als es in die Koalitionsverhandlungen ging, holte FDP-Chef Christian Lindner in einem Gastbeitrag für die »FAZ« noch ein bisschen weiter aus. »Wir als Freie Demokraten bleiben der Anwalt und der Ansprechpartner der bürgerlichen Mitte in Deutschland«[28], schrieb er. Auf dem FDP-Parteitag im vergangenen Jahr folgten auf die Worte Taten. Ganz kurz sah es so aus, als würde die FDP in Sachen Drogenpolitik tatsächlich eine liberale Partei sein, aber wirklich nur ganz kurz. Es kam ein Änderungsantrag für das Wahlprogramm zur Abstimmung, der zum Ziel hatte, den Fokus auf Prävention statt auf Bestrafung zu richten. Totale Drogenfreigabe also, endlich. Der Antrag wurde zunächst mit 61 Prozent der Stimmen angenommen, doch den Parteivorderen stand der Angstschweiß auf der Stirn. Wenn künftig jeder straffrei jede Droge konsumieren könne, »dann haben wir ein Riesenproblem bei der Gestaltung unserer Zukunftsfähigkeit«[29], meinte sogar Parteivize Wolfgang Kubicki. Auch FDP-Chef Christian Lindner sprach sich für eine Streichung des Beschlusses aus – gesagt, getan. Die liberalen Delegierten stimmen für die Freiheit? Dann lieber noch einmal abstimmen. Für mehr Mitte.

Was das eigentlich ist, diese ominöse Mitte, zu der alle – von Union über SPD und Grüne bis hin nun auch zur FDP – gehören wollen, lässt sich einigermaßen schlicht beantworten: ein Nichtort. Wenn man sich Politik als die Möglichkeit vorstellt, jeweils die eine oder eben die andere Entscheidung zu treffen, ist die Mitte der Kompromiss, nach dem niemand gefragt hat. Das, was möglicherweise am Ende einer politischen Debatte steht, aber niemals an ihrem Anfang. Jeder mag die Mitte irgendwie, sie ist wie die Musik von Phil Collins oder Filme mit Julia Roberts. Es spricht nicht viel dafür, aber auch nicht viel dagegen. Harmlos und kantenfrei, nie erklärungsbedürftig und daher sehr bequem. Mitte ist Mitte ist gut. Wer es sich also sehr einfach machen will, zählt sich zur Mitte, ohne zu erklären, was die Mitte ist, weil nun ja, weiß man doch, die

Mitte eben. Wer das nicht verstanden hat, hat alles verstanden. So funktioniert die Mitte.

Diese Mitte kann nicht der Ort der Liberalen sein. So steht es auch in einem Meisterwerk liberalen Denkens, der »Verfassung der Freiheit« von Friedrich August von Hayek. Parteipositionen würden, schreibt Hayek, gewöhnlich als verschiedene Positionen auf einer Linie dargestellt, die Sozialisten links, die Konservativen rechts und die Liberalen ungefähr in der Mitte. »Nichts könnte irreführender sein.« Wenn man ein Diagramm haben wolle, so Hayek, dann wäre es entsprechender, sie in einem Dreieck anzuordnen, in dem die Konservativen eine Ecke einnehmen und die Sozialisten nach der zweiten und die Liberalen nach der dritten Ecke ziehen würden.[30] Es geht also für die Liberalen darum, ein eigenes Profil zu haben.

Die Ablehnung und Abgrenzung von politischen Extremen sind schön und gut. Doch sich nur über die extremen Ränder zu definieren reicht nicht. Denn so überlässt man ihnen die Deutungshoheit auf dem politischen Parkett; so wird die Mitte zum Spielball der sich in die eine oder andere Richtung bewegenden Randständigen. Und gerade in Deutschland zeigt sich, was geschieht, wenn jeder »Mitte« sein will. Die Parteien werden ununterscheidbar, Programme und praktische Umsetzung lassen kein eigenes Profil mehr erkennen.

Das neue Buhlen der FDP um die Mitte scheint zwei Gründe zu haben. Der eine hat mit Strategie zu tun, der andere mit Angst. So versucht man wohl einerseits, und vielleicht nicht unklug, in die Lücke zu stoßen, die die unter Angela Merkel sozialdemokratisierte CDU hinterlassen hat. Andererseits aber ist man getrieben von der panischen Angst, auch nur irgendwie mit der AfD – oder mit dem Begriff *rechts* – in Berührung zu kommen. In Anbetracht der geistigen Verfassung der Bundesrepublik, in der alles als rechts gilt, was nicht links ist, lässt sich die Klassifizierung als »rechts« für freiheitliche Geister allerdings kaum vermeiden. Dieser intellektuellen Dürftigkeit wird auch von der Politik zu oft nichts entgegengesetzt, im Gegenteil, der »Kampf gegen rechts« wird insbesondere von der sozialdemokratischen Innenministerin durchfinanziert, ganz anders als der »Kampf gegen links«, den es natürlich nicht gibt. Spätestens als der ehemalige CDU-Vorsitzende Armin Laschet im Sommer 2021 das Land wissen ließ, dass der Kampf gegen rechts nur mit klarer Kante gelinge, wundert es mich wirklich nicht mehr, dass die Konservativen in diesem Wahljahr dermaßen am Boden lagen. Wer sich selbst den Kampf erklärt (seit wann firmiert konservativ nicht mehr als rechts, zumindest in Teilen), ist längst hirntot.

Es kann vor diesem Hintergrund nicht verwundern, dass FDP-Politiker sich die Schmähbezeichnung »AfD-light« vonseiten einiger Journalisten und politischer Gegner schon allein dafür anhören mussten, dass sie die Migrations- oder Klimapolitik der Bundesregierung kritisierten, bevor sie sich auf die Ampelkoalition einließen. Der Gipfel derartiger Zuschreibungen war schon vorher erreicht worden, als der thüringische FDP-Landes- und Fraktionsvorsitzende Thomas Kemmerich Anfang 2020 in Erfurt mit den Stimmen der AfD zum Ministerpräsidenten gewählt wurde. Von einem »Dammbruch« war die Rede, einer unentschuldbaren Schande, die ganze Republik war entsetzt. Die damalige Bundeskanzlerin Angela Merkel höchstselbst bezeichnete die Wahl als »unverzeihlich«, deshalb müsse »auch das Ergebnis wieder rückgängig gemacht werden«[31] – eine Forderung, die, finde ich, an schieren Wahnsinn grenzt: Wir hatten es hier mit einer demokratischen Wahl zu tun.

Die Reaktion der FDP-Spitze auf den vermeintlichen Tabubruch sprach jedenfalls Bände. Man genierte sich. Man geniert sich noch immer. Ich für meinen Teil kann den medialen Trubel um diese Wahl absolut nicht nachvollziehen. Es gibt keinen Grund, die FDP auch nur irgendwie in ein recht(sextrem)es Eck zu rücken, und die Partei sollte das Selbstbewusstsein haben, das auch genau so zu kommunizieren. Vor einer überwiegend grün-linken Journalistenschar einzuknicken war ein großer Fehler – und der klebt. Eine publizistische Blase, der jeder rechts von Angela Merkel als Nazi gilt, kann nicht der Gradmesser für politische Entscheidungen einer liberalen Partei sein. Doch die Vorwürfe, man sei als Liberaler irgendwie rechts, wenn man die Coronapolitik der Regierung mit den vermeintlich falschen Argumenten kritisiert, oder irgendwie kalt, wenn man dem Markt vor dem Staat und vermeintlicher sozialer Gerechtigkeit den Vorzug gibt, können viele nicht ertragen. Es ist der FDP zu oft daran gelegen, lieb gehabt zu werden. So sehr, dass sie gar nicht merkt, dass nur wenige sie wirklich lieb haben wollen. Würde sie sich auf diejenigen konzentrieren, die ihre freiheitlichen Überzeugungen teilen, hätte sie in einem staatsgläubigen Land wie Deutschland zwar sicher nicht die Mehrheit hinter sich. Wohl aber eine solide Basis, für die man sich nicht verbiegen müsste.

Doch dieses eigenständige Profil füllt die FDP derzeit nicht aus. Es scheint, dass sie liberal sein will, sich aber gleichermaßen zu sehr davor fürchtet, was das eigentlich bedeuten würde. Oder sollen wir einmal ernsthaft über (aktive) Sterbehilfe oder Leihmutterschaft sprechen? Und so geht es mir, wenn ich die FDP anschaue, ein wenig wie Hayek am Ende seiner »Verfassung der Freiheit«: Es sei daher notwendig, so Hayek, festzustellen, dass das, was er »Liberalismus« genannt hätte, wenig mit irgendeiner politischen Bewegung zu tun habe, die heute diesen Namen trage.[32] Das fühle ich sehr. Auch Ludwig von Mises erklärt in seinem mit »Liberalismus« betitelten Buch: »Er [der Liberalismus] hat keine Parteiblume und keine Parteifarbe, kein Parteilied und keine Parteigötzen, keine Symbole und keine Schlagworte; er hat die Sache und die Argumente. Die müssen ihn zum Siege führen.«[33]

Auf der Suche nach einem Wort, das ihn selbst besser beschreibt als »liberal«, wird Hayek nicht wirklich fündig. Der Ausdruck »libertär« behagt ihm nicht, Hayek findet ihn unschön, weil er ihm zu sehr nach einem erfundenen Wort oder einem Ersatz klingt. Was er suche, schreibt Hayek weiter, sei ein Wort, das die Partei des Lebendigen bezeichne, die Partei, die für freies Wachstum und spontane Entwicklung eintrete.[34] »Aber ich habe mir vergeblich den Kopf zerbrochen, um ein bezeichnendes Wort zu finden, das sich bieten würde.«[35] Hier liegen die Dinge in meinem ebenfalls zerbrochenen Kopf anders, denn ich habe mein Wort gefunden.

Ich bin ein *Libertin*.

Literatur

Baader, Roland: *Die belogene Generation. Politisch manipuliert statt zukunftsfähig informiert*, Gräfelfing 2005: Resch.

Berlin, Isaiah: *Freiheit. Vier Versuche*, Frankfurt am Main 2006: S. Fischer.

Berliner, Michael S. (Hrsg.): *Letters of Ayn Rand*, New York 1997: NAL.

Brühwiler, Claudia Franziska: *Out of a Gray Fog. Ayn Rand's Europe*, Lanham 2021: Lexington Book.

Burns, Jennifer: *Goddess of the Market. Ayn Rand and the American Right*, Oxford 2009: Oxford University Press.

DiAngelo, Robin: *White Racism. How progressive white people perpetuate racial harm*, Dublin 2021: Allen Lane.

DiAngelo, Robin: *Wir müssen über Rassismus sprechen. Was es bedeutet, in unserer Gesellschaft weiß zu sein*, Hamburg 2020: Hoffmann und Campe.

Duggan, Lisa: *Mean Girl. Ayn Rand and the Culture of Greed*, Oakland 2019: University of California Press.

Eilenberger, Wolfram: *Feuer der Freiheit. Die Rettung der Philosophie in finsteren Zeiten. 1933–1943*, Stuttgart 2020: Klett-Cotta.

Friedman, Milton: *Kapitalismus und Freiheit*, München 2015: Piper.

Gray, John und Smith, G.W. (Hrsg.): *J. S. Mill's On Liberty in Focus*, London 1991: Routledge.

Habeck, Robert: *Von hier an anders*, Köln 2021: Kiepenheuer und Witsch.

Harriman, David (Hrsg.): *Journals of Ayn Rand*, New York 1999: Plume.

Hayek, August Friedrich von: *Die Intellektuellen und der Sozialismus*, in: Schweizer Monatshefte, Sondernummer *In Memoriam Friedrich August von Hayek 1899–1992*, o. J., 92. Jahr, Heft 5a.

Hayek, August Friedrich von: *Die Verfassung der Freiheit*, Tübingen 2005: Mohr Siebeck.

Hayek, August Friedrich von: *Wissenschaft und Sozialismus*. In: *Gesammelte Schriften in deutscher Sprache*. Abteilung A: Aufsätze. Band 7, Tübingen 2004: Mohr Siebeck.

Kelsen, Hans: *Was ist Gerechtigkeit?*, Ditzingen 2016: Reclam.

Kendi, Ibram X.: *How to be an Antiracist*, London 2019: One World.

Lukianoff, Greg und Haidt, Jonathan: *The Coddling of the American Mind. How good intentions and bad ideas are setting up a generation for failure*, New York 2018: Penguin.

Mayhew, Robert (Hrsg.): *Ayn Rand Answers. The Best of her Q&A*, New York 2005: Penguin.

McWorther, John: *Die Erwählten. Wie der neue Antirassismus die Gesellschaft spaltet*, Hamburg 2022: Hoffmann und Campe.

Mises, Ludwig von: *Liberalismus*, Sankt Augustin 2006: Akademia.

Möllers, Christoph: *Freiheitsgrade*, Berlin 2020: Suhrkamp.
Nietzsche, Friedrich: *Ecce Homo*, München 2020: dtv.
Rand, Ayn: *Die Tugend des Egoismus*, Jena 2017: TvR Medienverlag.
Rand, Ayn: *Für den neuen Intellektuellen. Eine Streitschrift gegen die pseudointellektuellen Verführer in den Medien und Universitäten*, Wien 2016: mises.at.
Reckwitz, Andreas: *Die Gesellschaft der Singularitäten*, Berlin 2018: Suhrkamp.
Rothbard, Murray N.: *Die Ethik der Freiheit*, Sankt Augustin 2013: Akademia.
Safranski, Rüdiger: *Einzeln sein. Eine philosophische Herausforderung*, München 2021: Hanser.
Taghizadegan, Rahim (Hrsg.): *Das Ende des Papiergeld-Zeitalters. Ein Brevier der Freiheit*, Bern 2016: Verlag Johannes Müller GmbH.
Westerwelle, Guido: *Neuland. Die Zukunft des deutschen Liberalismus*, München 1999: Econ.

Anmerkungen

Freiheitsgrade, oder:
Was ich meine, wenn ich Freiheit sage

1 Murray N. Rothbard, *Die Ethik der Freiheit*, S. 57.

2 John Gray und G.W. Smith (Hrsg.), *J.S. Mill's On Liberty in Focus*, S. 33 (übersetzt von Anna Schneider).

3 Ebd.

4 Ebd. S. 30.

5 Ebd. S. 31.

6 Ebd. S. 25.

7 Ebd.

8 Ebd. S. 26.

9 Ebd. S. 73.

10 Hans Kelsen, *Was ist Gerechtigkeit?*, S. 11.

11 Ebd. S. 13.

12 Ludwig von Mises, *Liberalismus*, S. 3.

13 Frank-Walter Steinmeier, *Rede bei der Veranstaltung »Für Freiheit und Verantwortung« in Erinnerung an Guido Westerwelle*, siehe https://www.bundesregierung.de/breg-de/service/bulletin/rede-von-bundespraesident-dr-frank-walter-steinmeier-2002380 [abgerufen am 20. März 2022]

14 Ebd.

15 Ebd.

16 https://www.sueddeutsche.de/kultur/corona-massnahmen-impfverweigerer-politik-fdp-1.5464593 [abgerufen am 20. März 2022]

17 https://taz.de/Neue-Form-der-Vernunft/!5822132/ [abgerufen am 20. März 2022]

18 https://www.zeit.de/kultur/2022-01/querdenker-freiheit-impfgegner-liberalismus-corona/komplettansicht (Autoren: Thomas Beschorner und Sabine Döring) [abgerufen am 20. März 2022]

19 https://floskelwolke.de [abgerufen am 20. März 2022]

20 Anna Schneider, 16. November 2021, auf Twitter: https://twitter.com/a_nnaschneider/status/1460512118621491200 [abgerufen am 20. März 2022]

21 Michael Kubiciel, 16. November 2021, auf Twitter: https://twitter.com/m_kubiciel/status/1460531203770097667?s=21 [abgerufen am 20. März 2022]

22 Alexander Thiele, 16. November 2021, auf Twitter: https://twitter.com/Alex_J_Thiele/status/1460533829962280960?s=20&t=gqbBMFsI_s3U7jIp8KO7RA [abgerufen am 20. März 2022]

23 https://www.faz.net/aktuell/sport/fussball/bundesliga/joshua-kimmich-und-die-corona-impfung-solo-eines-egoisten-17605747.html [abgerufen am 20. März 2022]

24 https://www.deutschlandfunk.de/ungeimpfter-bundesliga-profi-kimmich-steht-im-kulturkampf-100.html [abgerufen am 20. März 2022]

25 https://www.philomag.de/artikel/christoph-moellers-ich-halte-die-individualliberale-sicht-fuer-verfehlt [abgerufen am 20. März 2022]

26 Christoph Möllers, *Freiheitsgrade*, S. 58.

27 Ebd., S. 17.

28 https://www.margaretthatcher.org/document/106689 [abgerufen am 20. März 2022]

29 Ebd.

30 Friedrich August von Hayek, *Wissenschaft und Sozialismus* in: *Gesammelte Schriften in deutscher Sprache*, S. 61 f.

31 https://www.deutschlandfunk.de/gruenen-chef-habeck-verbote-sind-die-bedingung-fuer-freiheit-100.html [abgerufen am 20. März 2022]

32 Robert Habeck, *Von hier an anders*, S. 335.

33 Murray N. Rothbard, *Die Ethik der Freiheit*, S. 170.

34 https://www.bundesverfassungsgericht.de/SharedDocs/Pressemitteilungen/DE/2021/bvg21-031.html [abgerufen am 20. März 2022]

35 https://www.welt.de/debatte/plus235732798/Bundeskanzler-Olaf-Scholz-Die-roten-Linien-der-Freiheit.html [abgerufen am 20. März 2022]

36 Isaiah Berlin, *Freiheit. Vier Versuche*, S. 205.

Freiheitserwachen, oder:
Das liberale Ich ist keine Schneeflocke

1 Friedrich Nietzsche, *Ecce Homo*, S. 123.

2 Siehe Andreas Reckwitz, *Die Gesellschaft der Singularitäten.*

3 https://studieren.univie.ac.at/studienangebot/masterstudien/gender-studies-master/ [abgerufen am 20. März 2022]

4 https://www.addendum.org/news/opferstudium/ [abgerufen am 20. März 2022]

5 Ebd.

6 Ebd.

7 Ebd.

8 Ebd.

9 Greg Lukianoff und Jonathan Haidt, *The Coddling of the American Mind. How good intentions and bad ideas are setting up a generation for failure*, S. 7.

10 https://www.addendum.org/news/opferstudium/ [abgerufen am 20. März 2022]

11 https://neuemedienmacher.de/aktuelles/beitrag/goldene-kartoffel-2021/ [abgerufen am 20. März 2022]

12 Ebd.

13 https://www.phoenix.de/sendungen/gespraeche/presseclub/kampf-um-anerkennung---sprengstoff-fuer-unsere-plurale-gesellschaft-a-2028295.html [abgerufen am 20. März 2022]

14 Wolfgang Schäuble, Ansprache als Alterspräsident bei der konstituierenden Sitzung des 20. Deutschen Bundestages, siehe https://www.bundestag.de/parlament/praesidium/reden/2021/20211026-866254 [abgerufen am 20. März 2022]

15 http://news.bbc.co.uk/1/hi/world/americas/3170387.stm [abgerufen am 20. März 2022] (übersetzt von Anna Schneider)

16 John McWorther, *Die Erwählten. Wie der neue Antirassismus die Gesellschaft spaltet*, S. 21

17 Ebd.

18 Ebd. S. 156.

19 Ebd. S. 193.

20 Robin DiAngelo, *Wir müssen über Rassismus sprechen. Was es bedeutet, in unserer Gesellschaft weiß zu sein*, S. 88, S. 111.

21 Ebd. S. 17.

22 https://www.salonkolumnisten.com/veriss-diangelo/ [abgerufen am 20. März 2022] (Anna Schneider unter Pseudonym)

23 Robin DiAngelo, *Wir müssen über Rassismus sprechen. Was es bedeutet, in unserer Gesellschaft weiß zu sein*, S. 35.

24 Ebd. S. 127.

25 Robin DiAngelo, *Nice Racism. How progressive white people perpetuate racial harm*, S. 173.

26 https://time.com/collection/100-most-influential-people-2020/5888207/ibram-x-kendi/ [abgerufen am 23. März 2022]

27 Ibram X. Kendi, *How to be an Antiracist*, S. 19 (übersetzt von Anna Schneider).

28 https://verfassungsgericht.brandenburg.de/verfgbbg/de/entscheidungen/entscheidungssuche/detail-entscheidung/~23-10-2020-vfgbbg-919_4041 [abgerufen am 21. März 2022]

29 https://verfassungsgericht.brandenburg.de/verfgbbg/de/presse-statistik/pressemitteilungen/detail/~23-10-2020-paritaetsgesetz-verfassungswidrig [abgerufen am 21. März 2022]

Die Einzige, oder:
Mean Girl Ayn Rand

1 Rüdiger Safranski, *Einzeln sein. Eine philosophische Herausforderung*, S. 9.

2 Ebd. S. 9.

3 Ebd. S. 11.

4 https://www.philomag.de/artikel/ayn-rand-und-der-egoismus [abgerufen am 21. März 2022]

5 Michael S. Berliner (Hrsg.), *Letters of Ayn Rand*, S. 40 (übersetzt von Anna Schneider).

6 Ayn Rand, *Für den neuen Intellektuellen. Eine Streitschrift gegen die pseudointellektuellen Verführer in den Medien und Universitäten*, S. 93.

7 Ebd. S. 94.

8 Ebd. S. 97f.

9 Ebd. S. 99.

10 Ayn Rand, *Die Tugend des Egoismus*, S. 6.

11 David Harriman (Hrsg.), *Journals of Ayn Rand,* S. 192 (übersetzt von Anna Schneider).

12 Ayn Rand, *Die Tugend des Egoismus*, S. 10.

13 Ayn Rand, *Für den neuen Intellektuellen. Eine Streitschrift gegen die pseudointellektuellen Verführer in den Medien und Universitäten*, S. 37.

14 Ayn Rand, *Die Tugend des Egoismus*, S. 32.

15 Ebd. S. 33.

16 Ebd. S. 9.

17 Ayn Rand, *Für den neuen Intellektuellen. Eine Streitschrift gegen die pseudointellektuellen Verführer in den Medien und Universitäten*, S. 38.

18 Ebd. S. 29.

19 Ebd. S. 56.

20 Ayn Rand, *Die Tugend des Egoismus*, S. 40.

21 https://taz.de/Kolumne-Das-Schlagloch/!5111031/ [abgerufen am 21. März 2022]

22 Lisa Duggan, *Mean Girl. Ayn Rand and the Culture of Greed,* S. 90.

23 Claudia Franziska Brühwiler, *Out of a Gray Fog. Ayn Rand's Europe*, S. 197.

24 Ebd. S. 248.

25 Jennifer Burns, *Goddess oft he Market. Ayn Rand and the American Right*, S. 4 (übersetzt von Anna Schneider).

26 Ayn Rand, *Die Tugend des Egoismus*, S. 164.

27 Ebd. S. 167.

28 Milton Friedman, *Kapitalismus und Freiheit*, S. 136.

29 Ebd. S. 137.

30 Ayn Rand, *Die Tugend des Egoismus*, S. 174.

31 Ebd.

32 Ebd. S. 172.

33 Ebd. S. 174.

34 Robert Mayhew (Hrsg.), *Ayn Rand Answers. The Best of her Q&A*, S. 106 (übersetzt von Anna Schneider).

35 Ebd.

36 Ebd. S. 17.

37 Ebd. S. 72.

38 Ebd. S. 74.

39 Ayn Rand, *Für den neuen Intellektuellen. Eine Streitschrift gegen die pseudointellektuellen Verführer in den Medien und Universitäten*, S. 86.

Freie Radikale, oder:
Vom (Un-)Sinn einer liberalen Partei

1 https://www.zeit.de/2017/07/konsumverhalten-nachhaltigkeit-vernunft-verschwendung-bequemlichkeit?utm_referrer=https%3A%2F%2Fwww.google.com%2F [abgerufen am 21. März 2022]

2 https://www.zeit.de/2018/45/konsumverhalten-plastikverbot-eu-beschluss-umwelt-befreiung [abgerufen am 21. März 2022]

3 https://www.zeit.de/kultur/2019-06/konsumverhalten-verbote-gesetze-veraenderungen-gewohnheit-freiheit [abgerufen am 21. März 2022]

4 https://www.zeit.de/green/2021-12/umweltschutz-verbote-katalysator-pflicht-quecksilber-grenzwerte [abgerufen am 21. März 2022]

5 https://www.zeit.de/2017/07/konsumverhalten-nachhaltigkeit-vernunft-verschwendung-bequemlichkeit?utm_referrer=https%3A%2F%2Fwww.google.com%2F (Autor: Sebastian Dalkowski) [abgerufen am 21. März 2022]

6 Ebd. [abgerufen am 21. März 2022]

7 https://taz.de/Kommentar/!5019785/ [abgerufen am 21. März 2022]

8 https://www.fdp.de/sites/default/files/2021-08/FDP_BTW2021_Wahlprogramm_1.pdf [abgerufen am 21. März 2022]

9 https://de.statista.com/statistik/daten/studie/1248833/umfrage/ergebnis-der-bundestagswahl-2021/ [abgerufen am 21. März 2022]

10 https://de.statista.com/statistik/daten/studie/1257098/umfrage/wahlverhalten-von-erstwaehlerinnen-bei-der-bundestagswahl/ [abgerufen am 21. März 2022]

11 https://www.faz.net/aktuell/politik/inland/christian-lindner-zur-corona-politik-tendiere-zur-impfpflicht-17663425.html [abgerufen am 21. März 2022]

12 https://www.welt.de/debatte/kommentare/plus235692852/Kubicki-zu-Corona-Kritische-Phase-des-freiheitlichen-Rechtsstaats.html [abgerufen am 21. März 2022]

13 https://www.nzz.ch/international/linda-teuteberg-liberale-brauchen-mehr-mut-zur-ideologie-ld.1613123 [abgerufen am 21. März 2022]

14 https://www.spd.de/fileadmin/Dokumente/Koalitionsvertrag/Koalitionsvertrag_2021-2025.pdf [abgerufen am 21. März 2022]

15 Roland Baader, *Die belogene Generation. Politisch manipuliert statt zukunftsfähig informiert*, S. 42.

16 https://www.youtube.com/watch?v=gvBgGHmCpzU [abgerufen am 21. März 2022]

17 https://www.handelsblatt.com/meinung/gastbeitraege/gastkommentar-die-liberalen-muessen-ihr-misstrauen-gegenueber-staatlichen-eingriffen-ueberwinden/27942784.html [abgerufen am 21. März 2022]

18 Guido Westerwelle, *Neuland. Die Zukunft des deutschen Liberalismus*, S. 89.

19 https://www.bundestag.de/mediathek?videoid=7532690#url=L21lZGlhdGhla292ZXJsYXk/dmlkZW9pZD03NTMyNjkw&mod

=mediathek [abgerufen am 21. März 2022], siehe auch https://dserver.bundestag.de/btp/20/20007.pdf, S. 294 [abgerufen am 21. März 2022]

20 https://www.faz.net/aktuell/politik/inland/christian-lindner-zur-corona-politik-tendiere-zur-impfpflicht-17663425.html [abgerufen am 21. März 2022]

21 https://www.faz.net/aktuell/wirtschaft/wie-der-fdp-chef-lindner-die-freiheit-verraet-17688995.html [abgerufen am 21. März 2022]

22 https://www.youtube.com/watch?v=exAKAv-SnR8 [abgerufen am 21. März 2022]

23 Rahim Taghizadegan (Hrsg.), *Das Ende des Papiergeld-Zeitalters. Ein Brevier der Freiheit*, S. 147.

24 Ludwig von Mises, *Liberalismus*, S. 171.

25 Friedrich August von Hayek, *Die Intellektuellen und der Sozialismus*, in: Schweizer Monatshefte, Sondernummer *In Memorian Friedrich August von Hayek 1899–1992*, o. J., 92. Jahr, Heft 5a, S. 53.

26 https://www.welt.de/debatte/kommentare/article235717974/Sitzordnung-im-Bundestag-Mitte-Mitte-Partei-Die-FDP-muesste-eigentlich-woanders-sitzen.html [abgerufen am 21. März 2022]

27 https://www.fdp.de/sites/default/files/2021-08/FDP_BTW2021_Wahlprogramm_1.pdf [abgerufen am 21. März 2022]

28 https://www.faz.net/aktuell/politik/bundestagswahl/christian-lindner-zur-ampel-fdp-bleibt-anwalt-der-buergerlichen-mitte-17589034.html [abgerufen am 21. März 2022]

29 https://www.tagesschau.de/inland/fpd-parteitag-101.html [abgerufen am 21. März 2022]

30 Friedrich August von Hayek, *Die Verfassung der Freiheit*, S. 518.

31 https://www.faz.net/aktuell/politik/inland/angela-merkel-kemmerich-wahl-muss-rueckgaengig-gemacht-werden-16620135.html [abgerufen am 21. März 2022]

32 Friedrich August von Hayek, *Die Verfassung der Freiheit*, S. 529.

33 Ludwig von Mises, *Liberalismus*, S. 168.

34 Friedrich August von Hayek, *Die Verfassung der Freiheit*, S. 529.

35 Ebd. S. 530.